エプロンメモ

よりぬき集

目次

はじめに

『エプロンメモ　よりぬき集』を手にとっていただき、ありがとうございます。「エプロンメモ」は1954年9月発行の『暮しの手帖』一世紀25号から、現在まで続いている長期連載です。

本書は、その連載をまとめた単行本『エプロンメモ』の中から、今でも役に立つ、昔ながらの暮らしの知恵を640篇よりぬいて、ベスト版とした一冊です。

「エプロンメモ」は、毎日の家事や人付き合いや、身の回りのことが、少しでも楽しく、便利に、すてきになるように考えた小さな工夫とアイデアを集めたものです。

およそ60年前、「エプロンメモ」の連載は、「ダスター(ふきん)」の記事からスタートしました。今までのさらしのふきんでは、お皿の二、三枚をふくと、びしょびしょになってしまいます。しかも、綿であるから使っているとケバだってしまい、コップなどに糸くずがついてしまいます。ですから、使うには麻のふきんが一番です。麻の服地を買ってきて、使いやすい大きさに切って、フチをかがって作りましょう。ふきんは、いつもさっぱりと乾いたものを使いたい。麻のふきんは、ぜいたくなようで、結局は大変安いことになります。と書かれています。

そしてもうひとつ「ホット・カステラ」。固くなってしまったカステラは、コップ一杯の砂糖シロップにラム酒かウイスキーを少し入れて、この中にカステラを浸していただくと、すてきにしゃれたお菓子になります。またはバターをフライパンにたっぷりといて、カステラの両面をいため、あたたかいうちにいただくととてもおいしくなります。

こんなふうに今読んでも暮らしをきらきらと輝かせてくれるメモが12篇紹介されました。

「エプロンメモ」第一回目から一世紀52号までの間、堀川あき子の寄稿者名が記されていたのをご存じでしょうか。堀川あき子とは、「暮しの手帖社」の創立者の一人であり、現社主の大橋鎮子のペンネームでした。

後に、「すてきなあなたに」という、これもまた現在まで続く連載が生まれます。みなさまに知っていただきたい、すてきなお話を集めた暮らしのエッセイです。実用に満ちた「エプロンメモ」を、物語のように綴りたい。暮らしとは、たくさんの美しさに満ちているのですから。そういう大橋の強い思いで「すてきなあなたに」はスタートしました。いわば「エプロンメモ」と「すてきなあなたに」は、親子のようなものなのです。

暮しの手帖編集長　松浦弥太郎

装画・本文イラスト　北原明日香

早春の章

タネの袋

そろそろ、春の花の心用意のときです。花のタネをまいたら、タネの袋に、まいた日付けを書いて、どこか目につくところにとっておきましょう。

あとの手入れの仕方を読んだりするのに便利ですし、花が終ってタネがとれたら、また、もとの袋に入れておくと、来年も忘れないでたのしめます。

ヨコむきに

台所のコンロや、レンジの向いの壁は、汚れやすく、一番早く傷むところです。

お湯は一日に何回もわかします。せめて、ヤカンを火にかけるときだけでも気をつけて、かならず口を壁にむけないで、ヨコにむけてください。

まっすぐ、壁にむけたのでは、お湯がわいてくると、吹き出す湯気が壁にぶつかって、天井にはいあがり壁一面に、しずくをつけてしまいます。これが、毎日毎日のことなのでながい間には、壁を傷める大きな原因になってしまいます。

ボタン調べ

家族のひとが旅行にでかけるときには、着ていく服のボタンが、しっかりついているかどうか、かならずよくたしかめます。少しでもゆるんでいたら、つけ替えるか、補強します。

とくに、仕事で出張のときは、旅先きで会議があったり、人を訪ねたりすることが多いので、そんなとき上衣のボタンがとれていると、みっともなくて困ります。

寒い朝

寒い朝は出かける人にとって、つらいものです。とくに、オーバーは玄関とか廊下とか、寒いところに吊ってあるせいか、すっかり冷えきって、はおった瞬間、クビのあたりがヒヤリとします。

オーバーを、火の入った朝の食事の部屋に入れておくと、適当にあたたまっていて、出かけるとき、着やすいものです。

寒さのきびしい朝に、とくに年輩の方たちのために。

粉ふきいも

肉のみそ漬焼とか、しょう油味のステーキなどに、ちょっと変った粉ふきいもはいかがでしょうか。

じゃがいもは四つ切りぐらいにしてかためにゆで、砂糖、塩、しょう油で薄目に味をつけます。さらに煮つづけて、水気がなくなったところで、バタを落し、サッとかきまぜて出来上りです。

バタとおしょう油と、じゃがいもの甘みが合って、これだけ食べてもおいしいものです。つぶれ気味の方が好きという人もいます。

さし茶

寒いとき、少し大ぜいのお客さんだと、熱いお茶をさし上げるつもりでも、テーブルに出したときは、ぬるくなってしまいます。

はじめに、お茶を茶わんに七分目入れておき、テーブルに出してから熱いお茶をさすと、ずいぶんちがいます。もちろん、茶わんは、先にあたためておきます。

春の香り

八百屋さんの店先で、ハシリのうどや木の芽、菜の花やセリなどをみつけたら、お椀に、和えもの、酢のものに、ほんの少しでも、使ってみましょう。

食卓に、早春の気配がただよってきて、「もう春ね」とたのしくさせてくれます。

バタライス

ごぼう、にんじん、油揚げやコンニャクなどの入った炊きこみご飯、トリご飯。

なんにも入らない、しょう油味の茶めしなど、炊き上りのあたたかいうちはおいしいものですが、おそく帰ったりして、冷えたのは、白いご飯がさめたのよりまずいものです。

こんなとき、フライパンにすこし多めのバタを溶かし、ご飯を入れ、コショーをたっぷりふりこんで、少しこげるほどに炒めます。塩は味をみて、少し加えます。

こうすると、しょう油で炊き込んだご飯とはまたちがった、バタライスが出来上ります。若い人なんかはこっちのほうがおいしいというくらいです。

蒸すより手間もはぶけて、お台所のほうもたすかります。

ふろふき大根に

ふろふき大根を召し上るとき、甘みそだけでなく、もろみや、しょうがみそもいいものです。

しょうがみそは、砂糖をきかせたねりみそに、しょうがのすったのをたっぷりまぜます。からだがあたたまりますから、寒い夜など、ぜひお試し下さい。

漬け菜ごはん

炊きたての、あつあつのご飯に、細かくきざんだ漬け菜を、混ぜこみます。

たか菜、京菜、カブの葉など、なんでもいいのです。ぷうんと香る漬け物の香りと、適度の塩味で、なかなかのおいしさです。

湯どうふ

湯どうふといえば、たいてい、おとうふを六つとか、八つに切って、ナベからすくって食べるのがふつうです。

おとうふを小さく切らないで、一丁をそのまま、熱いのを器に盛って出します。目先が変って、一皿のご馳走という感じになります。

カレーの薬味

レストランへ行ってカレーライスを注文すると、福神漬、小さいらっきょう、紅しょうがとおなじみのものにはじまって、ピクルス、アンズの甘煮、干ぶどう、玉ねぎのミジン切りと、おいしそうに出てきます。

おたくでもカレーライスの献立のときに、ひとつまねをなさってみたらいかがでしょう。

タクアンの細切り、セロリやうどのソギ切り、トマトのサイノメ切り、シソの実、マーマレードなど、あるものを少しずつ盛り合せて並べてみます。

意外なもので、カレーの味がひき立ちます。

ハンペンを

厚い玉子焼きは、白身の魚などをすり身にして入れますが、このすり身の代りに、ハンペンをすり鉢ですりつぶして使ってみましたら、割合にかんたんにできました。

味もけっこうでした。

おかずの工夫

汁気があっても困るし、パサパサでもと苦労するのがお弁当のおかずです。そのおかずの工夫を一つ。

それは煮魚です。これをお弁当に入れるときアミで焼きます。煮魚と焼魚のよいところというわけで、適当にしっとりとして味もしみとおり汁も出ないというわけです。

夕食に煮魚をするとき、そのつもりで、お弁当の分を、いっしょに煮ておき、朝サッと焼くのですから手間もかかりません。

黒くなったバナナ

バナナはすぐ皮が黒くなって、いかにもまずそうになります。こんなときは、皮をむいて、三つか四つにコロッと切り、竹串か楊枝をさしてコロモをつけて揚げます。

コロモは、玉子の黄味1コを牛乳半本で溶いて、小麦粉大サジ1杯を加え、そこに白味1コ分をフワッと泡立ててまぜ合せ、かき揚げのときくらいのかたさにします。

揚がったら熱いうちに、あれば粉砂糖にシナモンをまぜてふると、香りがよくなります。

お見舞は

二カ月のあいだの病院生活からやっと解放された人が言っていたことですが……。

入院したては、お見舞いの人が次から次へ、来すぎるくらい来てくれたのに、なおりかけて、そろそろ退屈になり、話相手がほしいころにはあまり訪ねてくれないのです。病人にすれば、入院したては一番苦しいときで、挨拶するだけで精一杯、せっかくのお見舞いもあまりうれしくなかったとのこと。

お見舞いは、ある程度よくなってからが本当だと思いました。

いろいろな色の手袋

冬のバーゲンの季節になります。気に入ったのがあったらいくつか買っておきましょう。

私は、ウールジャージのシンプルなデザインのを毎年買い足して、ちょうと七色になりました。洋服や気分に合わせてたのしんでいます。

ぬいだ手袋は、タテにのばすようにして形をなおして、しまいます。

鏡のくもり

お風呂場の鏡のくもり止めに、ヘアシャンプーをぬっておくと、なかなかくもりません。量はほんの一、二滴を手のひらにとって、よくこすりつけます。すこしアブクが出るから、タオルでふいておきます。

ベルト一本で

シンプルな型のオーバーを、もう何十年も着て、あきたので、しばらく着ないでしまったままになっていました。

今年はこれに、太いベルトをしめてみました。また、気分がとても変って、たのしんで着ています。ベルトも色を変えたり、帽子と合わせたり、服と合わせて、その日その日で変えています。

乾かす

ビスケットは、湿ってしまったらおいしくありません。

厚手のフライパンを熱くして、この上で二、三分、こがさないように炒《い》ってから、火を消して、そのまま忘れるくらい置いておきます。

買ったときと同じくらい、パリパリと、おいしく食べられること、請け合いです。

受け皿を大きく

来客のとき、紅茶とケーキとか、紅茶にビスケット、サンドイッチというふうに差し上げることが多いものです。

こういうとき、紅茶茶碗の下の受け皿を、大きいお皿にかえます。つまり、お皿がお盆の役もしてくれるわけです。

紅茶のカップとビスケットとスプーンとか、ジュースとサンドイッチとピクルス少し、というふうにお皿にのせます。

これは、パーティで、立食のおもてなしをするときなど、片手に全部持てて、楽です。

それに洗う方も、お皿が二枚汚れるところを一枚ですみます。

編棒も

赤ちゃんのお祝いに毛糸をプレゼントしました。そのとき、いっしょに、その糸の太さにあった二本編棒と、かぎ針と、とじ針もつけてあげました。

赤ちゃんの世話で、こまごましたものは、買いに出にくいし、さっそく編みはじめることができた、とよろこんでいただけました。

おろした日

靴ほど、ひどく使われるものはありません。手入れする人の靴と、そうでない人の靴をくらべると、何年も、もちが違うといわれます。

手入れは、まず新しく靴をおろした日から始めます。たいていの人は新しいうちは、きれいだからと、そのままにしますが、一番こわいのは目に見えなくついているホコリです。これが縫い目やシワのあいだに一晩のうちに入りこんで、あとでは取りにくいのです。

靴は朝、出かけるときに磨くのは本当ではありません。夜磨くのが大へんなら、せめて帰ったとき、ブラシでホコリだけ落すクセをつけると、ずい分傷みがちがいます。

小分けの化粧品

旅行に出かけるとき、クリームや化粧水やローションなどを小さな容器に入れて持っていきます。

ところが、たいていの人は、家に帰ると、小分けにして持って行ったのがまだ残っているのに、それはそのまま容器に入れっぱなしで、もとのを使います。

これでは持っていった分は、品質は落ちてくるし、容器にしみついたりして、とれにくくなりますし、次にまたどこか出かけるとき、クリームはかたくなってコビリつき、化粧水入れは色が変っていたりで、洗うのが大変です。

ですから帰ったらまず、この小分けした分から使ってしまえば、無駄もなく、こんなめんどうもなくなります。

両手に

家具や棚、置物などにつやぶきんをかけるときは、両手に布をもってふきます。

左手は右手とおなじようには動かないにしても、せっかくふきこんだところに、手のあとをつけないですむから、一枚でやるよりも、ずっと楽にできます。

なんでも小さく

病人の食事のことですが、なんでも少し小さめに切るとか、小さくまるめるとか、少なめに盛るとかしてあげて下さい。

お魚の切身など、大きいと食べ残しますが、小さめに切ったために全部食べられて「今日は残さないで食べられた」ということになりますしご飯も一杯山盛りより、軽くよそってあげると、同じ量でも二杯食べられた、ということになります。

また、ハンバーグやコロッケなども、小さく作ると、二つも食べられて、なにか食欲が出てきた感じになってくるわけです。

ハサミの工夫

ハサミは、たいてい先の方か、刃の三分の一ぐらいのところしか使いません。

たまには、刃をじゅうぶんにひらいて、刃の奥の方にあたるところで切ると、切れ味もちがい、かたいものを切るときなど、便利です。

喪服の工夫

お葬式や法事など、不祝儀のときに着る洋服を作る場合のことです。

ワンピースでも、スーツでも、スカートをタイトにしないで、フレアーかヒダのある、裾が広がりやすいスタイルにしておきますと、立ったり坐ったりするときに、あまり気を使わないですみますし、ヒザ小僧がみえる心配もありません。

それに、足がしびれたときに、スカートの中で足をくずせるので、とても助かります。

椅子カバーに

色が気に入らなかったり、柄が派手すぎるために、なんとなく、なんにも作らずに、そのまま持っている布があるものです。

お客さまがいらっしゃる日などにこれを二つに折って、なにげなく椅子にかけたり、ひろげてカバーがわりにすると、そのへんの雰囲気がきれいに変ります。

大きめに

若い人向きのチャーハンを、おいしく作るコツを。

中に入れる具を、あまりこまかく刻みすぎると、フシギにおいしさが半減してしまいます。食べるとき、よくかむので、その味がわかるというのも、もののおいしさを味わう大切なことです。

チャーハンに入れる具を刻まないで、少し大きめにしてごらんなさい、口あたりや味わいがまた違ってきて、よろこばれるでしょう。

たらこの焼き方

たらこはアミにじかにのせて焼くと、とかくハレツして、みたところイヤな感じになってしまいます。アルミ箔に包んでからアミの

上で焼くと、火がうまくまわって、わる焦げもせず、ハレツもせず、ほっくりとおいしく焼き上ります。

＊

ご存じでしょうが、ついでに。たらこはナマのまま一口に食べられる大きさに切って、酢をかけると焼いたのとはまたちがった、いける味になります。お酒のサカナにも、熱いごはんにも。

昨日のカレー

カレーはつい作りすぎて、残ることがあるものです。ところが次の日にいただくときは、かたくなってしまいます。ふつうはお湯をさしてのばしますが、おいしく食べる方法を一つ。

玉ねぎを薄切りにして、バタでしなっとするくらいまで炒めて、これをかたくなったカレーにまぜてから、お湯をたして、のばします。玉ねぎが煮えたら出来上がりです。

玉ねぎを入れると、甘くなるので塩かウースターソースを味をみながら足して下さい。

また、カレーがきかないようだったら、最初、玉ねぎを炒めるときに、カレー粉を少しふって炒めると、その分だけ、カレー味が強くなるわけです。

セロリの葉

セロリを一株買うと、葉がたくさんのこって困ります。佃煮にしてみましたら、とても風味のよいものができました。

熱湯でサッとゆがいてよく水気をしぼり、細かくきざんで油で炒めてから、しょう油、日本酒を加えて煮きます。

あたたかいご飯に、お茶漬に。

＊

パセリと半々に、こまかくきざみます。バタ焼きの魚とか、ビフテキにふりかけると、おいしく食べられます。

温アスパラガス

アスパラガスのカン詰は、カンから出したら、そのまま食べられるようになっていますが、バタで炒めても、おいしいものです。バタで炒めてから、レモンをしぼります。

バタを切る

いつも困ることは、料理記事のなかで「バタ大サジ1杯」というときです。サジにバタを盛るのは、冷蔵庫でかたくなっても盛りにくいし、また反対にべとべとに溶けているときもやりにくく、なかなか、やっかいなものです。

バタを買ってきたときすぐに、適当な大きさに切ってしまっておくと便利です。

バタを切るのはこうします。バタを包んである紙でナイフの刃を包み、そのままバタにあてがって切ります。バタが刃につかないし、割合すなおに切れます。

問題は大きさです。半ポンドのバタだったら、最初タテに二つに切ります。それを、横に八等分しますとキャラメルぐらいの大きさに、十六に切れます。これが大体大サジ1杯の量になりますから、「バタ大サジ1杯」というときは、この一片をちょっとつまんで、フライパンなりナベに入れればいいわけです。

パンにつけるときは、これをさらに二つぐらいに切ると、ちょうどいいでしょう。買ってきたとき、すぐにこうやっておくと便利です。

すっぱいブドー酒

白ブドー酒の飲み残りは、必ずとっておいて、すっぱくなってきたら、サラダドレッシングの酢に使います。フランスの各家庭には、そのため、飲み残しを入れる樽があるくらいです。

これでドレッシングをつくるとおいしくて、市販の酢は使えなくなります。

ドレッシングのお酢の量は油の三分の一弱に、念のため。

牛乳で粉を

小魚のから揚げをするとき、小麦粉をつけますが、揚げるとはがれて困るときがあります。

そんなとき、牛乳につけてから粉をつけると、揚げてもはがれず、きれいにできます。

ビスケットを

寒い日の、小さな子どものおやつです。小さなナベに、ミルクを1カップとビスケット二、三枚を割って入れ、あたためます。ビスケットがやわらかくなってきたら、よくかきまぜます。ドロドロになったら出来上り。

砂糖は好みで入れますが、バタをのせますと、一層おいしく、子どもだけでなく、大人の小さな夜食にもなります。

味をなだめる

サラダのドレッシングが、塩がききすぎたり、酢がきつくてツンツンするようなときには、ブランデーかワインを、ちょっとまぜてみます。

味が、まろやかになって、コクがでてきます。

ウイスキーカステラ

大きなカステラをいただいたとき半分も食べると、あきてきてしまったり、固くしてしまうものですが、こんなふうにしてみてください。

カップ1杯の水に、カップ1杯のお砂糖を入れて煮たて、上りにラム酒かウイスキーを大サジ2杯入れて火をとめます。

このなかに、カステラを浸してじっくりしみこませます。

大人のひとだったら、カステラ一切れにウイスキーを、グラス八分目ほど、まんべんなくふりかけて、十分ほどそのままおきます。ウイスキーがしみこんだところで、お皿にとっていただくのです。

やわらかなカステラに、ウイスキーの風味がきいて、カステラだけいただくのとは、まったくちがった味になりますから、カステラをケイエンしていた人たちも、これはこれは、と言ってきれいにたいらげてしまいました。

湯づけまんじゅう

さむい日、おやつや、お客さまのおもてなしに。

おまんじゅうをふたつきの湯のみ茶わんに入れ、グラグラの熱湯を上までたっぷりつぎ入れて、二、三分そのまま、蒸らしておきます。

湯を七分目にへらして、しょうがをすって、ほんの一つまみ、おまんじゅうの上にのせ、フタをし、箸を添えて、お客さまに。

食べるときは、おまんじゅうをハシで適当にさばいて、そのまま熱いところを食べたり、よくかきまぜてお汁粉にしたり、はじめ半分はそのままいただき、残りをお湯に溶かしてお汁粉にしたりして、たのしくいただきます。かたくなった大福餅も、こんがり焼いてから、こうやっていただきます。甘いのがきらいな人でも、お湯づけですから、甘みがやわらぎ、大丈夫です。

これは、大阪八尾の桃林堂でおしえていただいたものです。

ホットオレンジ

さむい夜など家中で、ホットオレンジでも作りましょう。

ミカンを横に二つに切って、コップの上で、ぎゅっと汁をしぼり、あついお湯を注ぐだけです。好みで砂糖を加えます。

大人の場合は、これにブランデーなど、ちょっと垂らしてみてください。味がすっかりしゃれてきます。

サラダ一つ

簡単なサラダを一つご紹介しましょう。材料は、ベーコン、ほうれん草、チーズです。

まずベーコンをこまかくきざんでから、炒めます。ほうれん草は生のまま、きざみます。この上に炒めたベーコンを、出たアブラごといっしょにかけてまぜ合わせ、塩、コショー、ガーリックなどの香辛料と酢油ソースを好みにかけます。

最後に、小さいサイの目に切ったチーズをかけます。

細切り塩昆布

二センチ角ぐらいに切った、例のつくだ煮の塩昆布ですが、あの大きさでは、子どもたちはちょっと大きすぎるし、からすぎると思って、三つぐらいに小さく切って、食卓に出しました。

そうしてみたら、子どもはもちろんのこと、大人の私たちまで、口に入れたときの塩からさがちょうどよく、ずっと食べやすいことがわかりました。

お刺身に

白身のさしみに、レモンをしぼって、しょう油でいただきます。

わさびじょう油とは、またちがってさっぱりと、変った味がするものです。

ふきんで袋

台所用ふきんを二つ折りにし、両はじを縫った大きめの袋を一、二枚作っておくと、なにかと便利に使えます。

ダシやスープをこしたり、あんこをさらしたりするのはもちろん、レタスなど生野菜も、袋に入れて振れば、充分水がきれます。

ふだん着で

子どもをよそにつれてゆくとき、みっともなくない程度の、ふだん着を着せてゆくことにしています。

はじめは、新しい靴をおろし、よそゆきの服を着せていました。食堂でなにか食べるときは、汚さないよう、叱っていましたが、子どもの身になってみたら、足は痛いし、おいしいものを食べても、前を汚せば叱られるし、かえってかわいそうなことだと気がつき、よそゆきはやめにしたのです。

子どもも、その方がとてもうれしそうです。

ウインナのつけ焼

ウインナソーセージに、タテに深く庖丁を四方から入れます。これをしばらくおしょう油につけてから、魚焼きアミで焼きます。そして、ちょうど、魚の照り焼きのときのように、一、二、三回つけ焼きします。

とにかく、こうやると、ウインナのちょっとクセのあるにおいが消えて、しょう油の香ばしさと、おいしさが肉の中までしみこみます。

焼きたてはもちろんのこと、お弁当のおかずや、パンにはさむときもこうすると、いいものです。

干物を揚げる

おいしいお魚の唐揚げ、といっても、生のお魚を揚げたのではありません。アジでもカレイでもイワシやサンマでも、みなひと干しのものを使います。

そのまま油に入れますが、生のものよりは時間を短かくして、中までカリカリにしないほうが、おいしいようです。その上で甘酢につけるなり、生じょう油や、おろししょう油をかけるなりして頂きます。

揚げているときはもちろん、でき上りも、へんな生臭みが油で消えてしまうので、お魚の嫌いな方にもよろこばれましょう。

いそぐとき

湯どうふのつけじょう油を、いそいでつくらなければならないとき、おしょう油と日本酒と、半々に合わせると、しょう油のからさがやわらかくなり、砂糖の甘みとはちがった甘みがつきます。

使う日本酒は、おいしさがいるので、なるべくいいお酒を使いたいのです。

荒れた指

指の先までがガサガサになってしまう寒い日に、お風呂上りに、洗面器のお湯にほんの少しクリームを溶かして手をしばらくつけます。そのあと、乾いたタオルでよくふいておきます。

クリームを塗るより、肌にじゅうぶん油気がゆきわたり、それでいてベタベタせず、いいようです。

重いものを

冷蔵庫や大きい戸棚を動かすときは、何人かかっても手がかりがないから、大へんです。

わるい毛布を一枚おろして、二つに折って、その上にのせ、毛布の端をひっぱってゆくと、床の上でもタタミの上でも、楽にすべって動かしやすくなります。

それに毛布を使うと、タタミや床の傷みもずいぶんちがいます。

靴のあいだ

出掛ける人や、お客さまの靴をそろえるとき、ふつう、靴と靴のあいだをあけずに、ピッタリとそろえて置きます。

ほんとうは、はく人の便利からいうと、靴と靴の間隔を、10センチから15センチぐらい離しておいてあげると、たいへんはきやすいのです。

もちろん、スリッパをはくときも同じことです。

メガネに名前

メガネのサックの中に、名刺か、所番地、名前を書いた紙片を入れておきましょう。はりつけておくと安心です。失くしたときに、あわてずにすみます。

この方法で、メガネをなくしても何度か自分の手に返ってきた人からききました。

土鍋がもる

土鍋にひびが入って汁がもるときは、お米のとぎ汁をいっぱいにはって、一晩か二晩おいておきます。とぎ汁の中の細かい粉がひびにつまって、もらなくなります。

瀬戸物屋さんでは、ひびが入ったといって持って来られると、こうやって直すのだそうです。

玉子巻

のり巻のなかみは、かんぴょうや細切りのきゅうりなどですが、もう一つ手近な材料でいいのが、いり玉子です。

甘くて、おいしいいり玉子を、のり巻の芯にします。案外巻きやすくて、おいしいものです。

白と緑

ほうれん草のおひたしをするとき白菜を少しゆでて、いっしょにしぼります。

ほうれん草だけだとなにか黒っぽい感じですが、白菜の色が加わると見た目もおいしそうですし、白菜の甘みも悪くありません。

こぶ茶雑煮

手軽なおぞう煮を一つ。

ちいさめに切ったおもちを、こんがり焼き、ハケでぬる程度にさっとしょう油をつけ、もう一度、火にかざしてからおわんに入れます。上から、ごくうすめにいれたこぶ茶をそそぎます。

おしょう油のこうばしさがこぶ茶の味ととても合って、おもちの味も格別です。

玉子汁

熱湯に玉子をポンと一つ割りこみます。塩で味つけするだけです。

うす塩のおつゆに半じゅくの玉子を浮かす、これは、中国の家庭でよくする汁です。

なにかちょっと、栄養がほしいとき、体をあたためたいとき、いそぎの朝食などに、カンタンでよいものです。

お雑煮に梅干し

お雑煮にあきて、なにかもうひとつ味がもの足りないというとき、梅干しをひとつ落します。

梅干しのスッパ味とうまみが汁にでてきて、さっぱりとしておいしいものです。いっしょにトロロ昆布を入れても合います。

揚げおかき

お正月も、七草をすぎて、オカガミ開きということになると、あれをこまかく割って、よく揚げ餅にします。

ところが、さもおいしそうに、こうばしそうな色に揚がっているのに食べてみると、かならずシンが残ります。このシンのないように揚げるコツを、天ぷら屋さんに教えていただきました。

なべに、揚げるお餅がヒタヒタになるくらい油をとり、火にかけて熱くなってきたら、お餅を一度に入れます。火は中火。

油が煮立ちそうになったら、油を足して、油の温度を下げ、つづけて揚げてゆきますと、また煮立ちそうになりますから、もう一度油を入れて、二、三回つづけます。

つまり、揚げるというより、油でグツグツ

煮るといった感じです。そしてシンのシンまで、油をしみこませるのです。こうすると、指で割ってもポロッとわれるオカキが出来上ります。

もちろん、オカガミ開きのお餅はかんそうしていますが、揚げるときは、お餅はよくよく干してないと駄目です。

ハムサンド

ハムのサンドイッチといえばパンに辛子バタをぬるものですが、思いついて、わさび漬をしょう油で味つけしてから、ぬってみました。わさびの味が、意外にハムとよく合って、なかなかおいしくいただけます。

紅茶を好みに

紅茶ずきの人はなかなかうるさいものです。濃いめのがいい人もあれば、レモンを浮かして、薄めがいい人など、いろいろです。

お客さまに紅茶をお出しするときには、必ずお好みをうかがってからにします。砂糖なしの方には、薄めに。レモンの好きな方にはふつうに入れます。ミルクを入れる方には濃いめにいれて差し上げるように、気をつけます。

紅茶をすすめるときに、べつのポットに、熱湯を添えて出すのもいいものです。自分の好みで、すきなだけお湯でうすめて、召し上っていただくわけです。

ミルクりんご

リンゴもそろそろ味の落ちてくる季節ですが、これは、「まずいリンゴ」ほどおいしく出来るミルクリンゴです。

皮をむいて、四つに切り、芯をとってから、一口か二口に食べられるように小さく切ります。

おナベにとって水をヒタヒタに入れ、お砂糖をたっぷり入れて、じゅうぶんにやわらかくなるまで煮るのです。

煮上ったら少し冷まして、コーヒー茶わんか果物皿にとり、上から牛乳か生クリームをたっぷりかけていただきます。

いちごミルクとまではいかなくとも、とってもおいしいものです。

スカスカになったリンゴをそのまま食べるより、ちょっと手をかけてこうしてあげると、きっとよろこばれると思います。

ミルクティ

夜おそくまで起きているひとにはふつうの紅茶より、栄養になるミルクティを作ってあげましょう。そういっても、紅茶のなかにミルクを入れるのではなくて、その逆です。

牛乳カップ2杯をあたためて、わいてきたところに紅茶を茶サジ3杯入れ、フタをして火を消します。そのまま二、三分おいてから、茶コシでこしてカップに注ぎます。お砂糖は好みに。

これで3人分くらいです。

お汁粉の工夫

さらしあんでお汁粉を作りますがさらしあんだけでは、コクがなくてなんとなくもの足りないものです。

でき上る少し前に「ゆであずき」のカン詰を入れて煮てごらんなさい。味も感じもグッと上等になり、とても即席で作ったとはおもえないほどおいしくなります。

ジャムを

なんにもないとき、ジャムをお菓子がわりに、ほんのちょっといただきます。お砂糖ぬきの紅茶や日本茶によく合って、なかなかいいものです。

べつべつの小皿にとってスプーンを添えておきます。

ラー油を

生野菜のサラダは、フレンチドレッシングで和えるのが常識です。

そのとき、中華料理に使う、あの辛いラー油を茶サジ1杯ほどふりかけると、ピリッときいて、味がいっそう生きてきます。

変りひじき

ひじきの煮つけといえば、お相手には油揚げときまっているようですが、この揚げのないとき、たっぷりの油で炒めて、けずりかつおを多めにほうりこんでみました。なかなかなお味です。

お料理屋さんふうに、小鉢にほんのチョッピリ盛りましょう。気どってだすと、またお味が倍増するから不思議です。

煮くずれ防止

カレーやシチューなどに入れたジャガイモを、煮くずれさせたくないときは、適当に切ってから油でざっと揚げます。

こうしますと、まわりがかたまって、くずれませんし、味もおいしくなります。

また、火が早く通りますから、急いで作るときにもいい方法です。あまり強い火で、こげ目がつくようではいけません。

ダシ昆布

おつゆのダシをとったあとのコブは、もったいないので、そのまま捨てないで、またおいしく食べる方法を一つ。

ダシをとったあとのコブは、日かげ干しにしてとっておきます。すこしたまったら、これを2センチくらいの角に切って、しょう油で佃煮のように煮ます。

しかし、これだけではおいしくなりませんから、このとき、新しいコブを、その量の三分の一か、四分の一まぜるのがコツなのです。

こうすると、ダシがらのコブを煮たものだとは、誰にも気づかれないほどおいしくなります。

塩味

塩加減は、お料理の味に重大な役目をしています。ほんの少し多くても、ほんの少しすくなくても味がすっかりダメになってしまいます。

この塩のききですが、熱くして食べるものは少し淡めでよく、冷たい料理は塩がきかないので、強めにする、これが、お味つけの大事なコツの一つです。

ツメブラシ

満員電車にもまれ、せっかくみがいたクツも汚れてしまう……だれもが経験ずみのことです。

こんなとき、ツメを洗うときに使うケース入りの小さなブラシを持っていると便利です。とくにバックスキンのクツにはもってこいです。

しめり気を

カラブキをするとき、乾いた布でふくために、どうしてもホコリが逃げてしまいます。

ぬらしたタオルか雑巾を、そのカラブキする布で包むと、少し、しめり気が布にうつりますから、それでふくとホコリもいっしょにとれてきれいになりますし、ふきやすくもなります。

名刺にメモ

名刺をいただいたら、なるべく早めに、できたらその場で、日付と場所とどんな用事でお会いしたかを、名刺の端に書いておきます。

そのときはおぼえていても、日がたつうちに、どんなときにお目にかかったのか、忘れることだってあるものです。こうしておけば大丈夫だし、そのときの様子がはっきり思いだされて、簡単な日記の役目もしてくれます。

用意おさおさ

引越しの手伝いにゆくとき、ガムテープ、カッターナイフ、ひも、軍手などを持っていくと、すぐ使えて役に立ちます。そこの家にあっても自分用に持っていると、荷造りがずっとはかどります。

デイト判を

会社や事務所で使っている年月日の出るゴム判を、家庭にも一つ買っておくと、なにかと便利です。

たとえば、肉を買ってきたときに包紙にポンと押したり、玉子に押したり、本を買ったときや手紙が届いたときに押しておくと、心おぼえにもなります。

電話番号

どこの家でも、自宅の電話番号というのは、なかなか書いてないものです。受話器の上とか、よく目につくところに書いておきましょう。

「そちらさまは何番ですか」といわれても、知っているのに、とっさにハッとして口ごもったり、まちがってしまったりすることが、しばしばあります。

冷ご飯を

すき焼きとかナベものには、炊きたてのあついご飯より、冷ご飯でいただく方が味がひきたちます。もっとも、お冷といっても、パサパサした、思いのほか冷やっと感じるあのご飯ではありません。

今夜はすき焼きにしようときまると、時間

をみはからって、わざわざ、お昼近くになって、ご飯を炊くのです。これを毛布などに包んでおくと、夕方、すき焼きをいただくころには、熱くもなく冷たくもない、ちょうどよい口当りで、おいしくいただけるのです。

炊きたてのご飯の上に、熱いねぎや肉をのせて、ふうふういいながら食べるのでは、舌のヤケドはもちろんのこと、すき焼きの味はよくわかりません。

ネギのみそづけ

ネギの白いところを、生のみそにつっこんでおきます。

さっと焼いて魚や肉のつけ合せによし、よく漬かったものはそのまま刻んで、あたたかいご飯によしで、なかなかです。

ひと味に

焼きちくわは、ほんとに便利なものです。なにかちょっと、もうひと味つけたいと思うときに、薄く薄くきざんで使います。

和えものにでも、なべものにでもおぞうすいにでも、炒めごはんにでも、最後にちょっと入れます。

細切りこんにゃく

すき焼きには、シラタキはかかせないものです。

コンニャクをできるだけ細切りにして、ゆがいて、乾煎りにしたものをシラタキのかわりに入れます。太さも長さも好みに切れて、食べやすいものです。それに値段はコンニャクの方が安いのです。

ケチな食べ方

塩ザケは、からかったりするのでひときれを全部食べきれないことが多いようです。

切身を二つか三つずつに切り、一皿づけにしないで器にもり、好きなだけとって食べるようにしたら、家族が多い家では、けっこう二つ、三つ残って、おべんとうのオカズが浮きます。

干鱈ごはん

食欲のないときなどに、お試し下さい。

ごはんを炊くとき、干ダラのむしったのを、少し入れるだけのことです。ほんのりした塩味がついて、なかなかイケます。おにぎりにしてもおいしいものです。

ひたし豆

大豆をやわらかくゆでて、酢じょう油にひたしておきます。小ぶりのお丼にでも入れて、スプーンを添えて食卓に出します。

青大豆があれば、それにこしたことはありません。

蒲焼き

蒲焼きを2センチの巾に切って二切れほどお椀に入れ、ごく細くセンに切ったねぎをひとつまみ散らしてふつうに仕立てたすまし汁の、ごく熱いのをつぎます。

蒲焼きがたくさんあったら、これを3センチの巾に切って、はすに切ったねぎといっしょにお砂糖、おしょう油ですき焼きにしてもいいものです。

忘れもの

タクシーに乗ったとき、傘でも買物の包みでも、自分の左側に置くように、クセをつけておきます。

この頃のタクシーは、たいてい左側からおりるようになっていますから、このクセをつければ、降りるときかならず気がついて、忘れものはしなくなります。

おばあさんの体操

夜、ふとんに入るときに、腕をぐるぐるまわしたり、首を左右にまげたり、胸をしずかにそらせたり、軽い体操をします。

血のめぐりがよくなって、体じゅうがポカポカとあたたかく、調子が大へんいいと、これは、八十ちかいおばあさんのお話です。

少しぜいたく

ホテルのベッドには、よく枕が二つおいてあります。家庭でも、ふだん使っている枕のほかにもう一つ、大きめのうすい枕を用意しておきます。

二つ重ねて頭を高くしたり、うすい枕だけにしたり、本をよむとき腹ばいになって下にしたり、手や足のだるいときなど、枕の上にのせたりといろいろに使えます。

お祝いの毛糸は

赤ちゃんが生れたときのお祝いに毛糸をいただくことがとても多いのですが、それがたいてい、白とかピンク、クリーム色というような淡い色ばかりです。

赤ちゃんに毛糸のものを着せるのは、そろそろ動きはじめる頃ですから、汚れてよごれて、毎日でも洗わなければなりません。だから、白やピンクの毛糸で編んだものは着せたくても着せられません。

もし、いただけるなら、グレーとか、ブルー、グリーン、赤などの、汚れの目立たない、濃い色の毛糸をいただけると、ずいぶん助かるんですけど。とあるお母さんのお話。

ハンドクリーム

水仕事のあとで、手の荒れをふせぐために、ハンドクリームやローションなどを使う人が多くなっていますが「油断しているとこんなに荒れちゃって」という人も少なくありません。

それは、一日のうちで水を使って手を洗って、ふいて……という回数がとても多く、その都度こまめにクリームをつければいいのですが、さてクリームはというと、鏡台の上というわけで、ついめんどうになりがちです。クリームをいくつかに分けて、流しや手洗いの石けんの横に置くようにすれば、つい忘れたりすることもなくこまめにぬれて、荒れもだいぶんちがうでしょう。

四角い布

洋服の生地屋さんの前に、これからは冬ものの端布の安売りが出ます。その中におもしろい柄の、ざっくり織った軽い服地が目についたらこんな工夫はいかがですか。

ヤール巾いっぱいの四角なきれでひざ掛けを作ります。この程度では余りかさばらず、しかも軽くて、一枚あると、なにかと重宝します。

春先きにかけて、スポーツや映画見物、バス旅行などに、ひざに掛けてもよし、肩に羽織ってもよいものです。

まわりは、糸をぬいて房にするかその房を毛糸で、しゃれて編んでもおもしろいものです。

葉をむくとき

レタスを、料理のかざりに敷くとか、葉っぱで巻いていただくお料理に使うとか、なるべくちぎらないように、きれいな形で、はずしたいときがあります。

そんなとき、大きいボールに水を張って、その中でやってみてください。葉っぱが幾分しなやかになりますし、葉と葉の間に、いくらかでも水が入りこんでいくのでしょう、ずっとすなおにはがれてくれます。

ハムに

オードブルに、お酒のおつまみにパンのおかずに、ハムをうすく切って、バタをぬって出します。

比較的さっぱりとした味のハムがこってりとして、大へんおいしくなります。ハムに塩気がありますからバタはできたら無塩を使います。

塩鮭を生で

北欧の、鮭の料理をまねて作ってみました。

塩鮭を焼かないで、そのまま薄くそぐように切って、上からレモンをひたひたぐらいにしぼって、そのまま三十分ほどおきます。

いただくとき、レモンの輪切りを飾ります。

こうすると、もう一流レストランのスモークドサーモンに負けない料理になります。

レモンのかわりに、米酢でもけっこうですが、このほうは少し甘味がつきますから、レモン、酢半々でもそのへんはお好きにどうぞ。

切り方は、塩鮭を買うときに、切身にしないで、5切れ分ぐらいを、そのままもらってきます。これを、皮の方を下にして、よく切れる庖丁で、ねせるようにして身にそって、ながく、へぐように切ります。

もちろん、切身でもけっこうですが、薄く切ったほうが口当りがいいし、その方が経済的です。

カクテルソース

トマトケチャップは、オムレツにかけたり、フライにかけたり、重宝なものですが、あの甘味に閉口する人も多いようです。

そんな人に、ピリッとする即席カクテルソースをおすすめします。

作り方はトマトケチャップ、カップ1/2杯、しょう油大サジ1杯、それに粉わさびを水溶きして、茶サジ1杯入れて合わせます。あればレモンをちょっとしぼります。

アイオリーで

フランスのスペイン国境近くで食べた、じゃがいもがとってもおいしかったので……という、フランスに渡った友達からの便りで。

ちょうど、マヨネーズの酢の入らないのと考えて下さい。

にんにく1片を、ミジンに切ります。ボールににんにくをとり、玉子の黄味2個と塩茶サジ軽く1、コショーを少しふり込んでよくまぜ合せます。この中にサラダ油カップ1/2杯ぐらいを、少しずつ、滴らしながらまぜてゆきます。サラダ油も、塩の量も、多くする分は自由です。

じゃがいもは、皮のままゆでて、湯を全部こぼし、もう一度火にかけて水気をとばします。皮をむいて、熱いうちに、このソースをかけていただきます。

このソースは「アイオリー」といい、本式には、この割合で、にんにく2片か3片も入れるのですが、いくらにんにくの好きな人でも、日本の人には無理なようです。

つけ合せ

カツやフライのつけ合せに、キャベツのせん切りを添えるとき、セロリもいっしょに、同じようにせん切りにして適当にまぜます。

香りがよくて、ぐっと味がよくなります。

ウニ玉子

ゆで玉子にウニをつけて食べるのも、変った味でいいものです。

ゆで玉子を、5ミリ厚ぐらいに切って皿に盛り、それにねりウニを、ちょうど、おさしみのときのワサビのように添えます。

あとなにか一皿足りないというとき、いいものです。

小さくして

とうふの水を切るとき、斜めにしたマナ板にフキンをしき、その上にふつうは一丁のままのせますが、時間がかかります。

揚げどうふなどにするのなら、その形に切ってから、また、形をくずして使うのなら、薄くそいでからマナ板にならべ、上にもフキンをかけてやると、早く水が切れます。

大きなナベで

胡麻をフライパンや浅いおナベで煎ると、ガス台のまわりにとびはねて、始末のわるいものです。

なるべく大きな、深めのナベに入れて煎ると、外にはね出さずにすみます。

わさび保存法

わさびは高いし、少しの量でもよくきくので、2回3回と、少しずつすって使うことが多いものです。

そんなとき、残った分は、菜っ葉に水を打って、これにくるんでからラップで包みます。

こうしておくと、わさびは水々しいままで長もちします。

高菜漬で

高菜漬とらっきょうは意外に合います。両方ともこまかく刻んでまぜ合わせます。

お弁当のごはんなどにふりかけ式にのせると、とてもいいものです。

塩辛二題

塩辛もちょっとあきて、箸が遠くなった、というとき、生のタラコをまぜてごらんなさい。またぐっとおいしくなります。

もちろん、このタラコはくずれたものでけっこうです。

＊

ミジンにきざんだサラシネギ、これを塩辛にまぜたのも、あたたかいご飯やお酒の肴にいいものです。ただし、これはまぜて何日もおく、というわけにはいきません。その都度食べる分だけ作って下さい。

マナ板に水

お魚を切った庖丁やマナ板を洗うとき、お湯で洗うと、かえってにおいがとれにくくなってしまいます。かならず水で洗うことです。けっしてお湯では洗いません。洗剤を使う場合も水です。

お肉を切ったあとは、お湯の方がけっこうです。

ホテルのコックさんからうかがったお話です。

防水を

たまには布地のテーブルクロスをかけたいとおもうのですが、シミや汚れの始末が厄介で、ついビニール一点ばり、ということになっていました。

ふと思いついて、防水液をふきつけてから使ってみたら、食べもののシミもすぐにはしみこまず、楽に洗い落せてなかなかけっこうです。

紙の箸置き

来客のときや、なにかあらたまったときの食事には、箸置きがほしいものです。そんなとき、和紙を小さく結んで箸置きにします。

幅7センチ、長さ20センチぐらいの厚めの和紙を、タテに四つに細長く折って、真中から少しずらして結びます。紙は厚い方がいいので、半紙なら二重にします。

なかなか気品のあるいい箸置きになります。

春の章

菜の花

八百屋さんに、菜の花が出はじめています。買ってきたら、すぐ使わないでコップにさし、飾っておきます。翌日の朝ご飯のとき、黄色いつぼみが、シャンと首をもたげています。

一日、春らしい気分を味わってから、晩におひたしや、おつゆにしていただけば、二度たのしめます。

角箸の効用

食卓でお漬物とか、なにか丼に盛って、取り箸をつけるとき、丸いお箸では、コロコロところがって困ります。

これを四角い角箸にかえてみたら少しぐらい乱暴においてもころがらず、その心配がなくなりました。

切って焼く

アジやサンマの開きは、頭やシッポをとり、二口か三口で食べられるぐらいに切ってから焼きます。

一枚ずつより、ずっと早く、たくさん焼けるし、人数分だけないときでも融通がきくし、食べるほうも食べやすいものです。

あまったときも、こうした密閉容器に入れて冷蔵庫に入れておくと、場所をとらずにすみます。

西洋風はんぺん

はんぺんのつけ焼きは、おいしいものですが、アミにくっついて、焼き加減がむずかしく、案外に手間もかかります。

フランパンにバタを溶かして、両面キツネ

色になるまでジャーッと焼きます。はんぺんの甘味がバタとよく合います。

そのままでもよし、生じょう油をちょっとつけてもいいでしょう。

はじめに塩を

サラダの季節がきます。

そこでドレッシングですが、その割合は、おさらいみたいで恐縮ですが、サラダオイル、カップ1杯に、酢をカップ半杯、ワインビネガーを使うときは酢が強いのでカップ$\frac{1}{3}$杯、それに塩茶サジ1杯とコショー少々というところですが、その手順をはっきりしないと、サラダはおいしくなりません。

ボールなりビンに、一番はじめに塩とコショーを入れます。そこへ酢を入れて、よく塩を溶いてしまってから、油を入れていきます。

酢と油をまぜてしまってから塩を入れたのでは、塩は溶けず、あまりききません。あとから相当塩を入れたつもりでも、一つ味がしっかりしませんから、この順を忘れないで下さい。

辛子をきかす場合も、先に酢に溶かしてしまわないと、十分にききません。

なべの火

ちょっと煮物のなべから離れるとき、こげつかないようにと、つい火を細めてしまいますが、これは逆でふきこぼれない程度にフツフツ煮立っていたほうが、中のものが沈まないから、底にこげつくことが少ないのです。

コックさんからききました。

とくに、カレーとかシチューのような粉を溶いたものが、よく沈んでこげつきます。

ナイフを

若い人と一緒の食卓では、気をつけていても、お年寄りむきに、食べやすい大きさに料理ができないことがあります。

いつも、食卓に、ナイフを一本だしておくことにしました。食べにくいものは、自分のすきな大きさに切ってもらいます。

お年寄りばかりでなく、歯のわるいときにも、食べやすくなって、重宝します。

おこわに箸

おこわをお茶碗によそうときは、ヘラではくっついて、おもうようにできません。

お菜箸をぬらしてさしこむと、どんなに少しでも自由にとれて、やりやすいものです。

干し椎茸を

最近は、ダシも出来合いのものが多く、つい市販のそばつゆを、うすめに使ったりしてしまいます。

そんなとき、料理にとりかかる前に、干し椎茸を一つ、ダシの中に入れておきます。

料理に、ほんのり椎茸の香りが移ります。

台ぶきん

食卓に、しぼった台ぶきんをおいておくと、汁がこぼれたときとか、ちょっと汚れを拭くというときになにかと便利ですが、テーブルの上に、じかにおくと、シミがついたり何となく、汚い感じがします。

おしぼり入れにいれて、きちんとたたんで、おくようにしました。

小さいぜいたく

お風呂から上ったとき、湯上りタオルのほかに、もう一つふつうのタオルを使うと、ずいぶん勝手のいいものです。

湯上りタオルで体をサッと拭いてから、胸から下をこれで包んでおきます。もう一本の小さめのタオルで顔とか首すじ、耳のまわりなど拭きます。

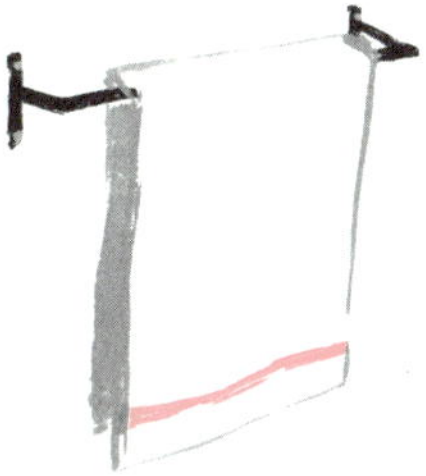

湯上りタオルは厚地なので、こまかいところが拭きにくいものですしこうやって拭いていると、脱衣場に誰が入ってきても、安心です。

ちょっと一言

荷物を送るときでなくても、荷札は、なにかと、重宝します。

紙きれになにか書いて、物に添えるときなどに、紙きれの代りにこの荷札を使うのです。簡単にひもをかけて、それにハリガネをからませておけば、離れる心配はありません。

特別の注意を書いて洗濯物を出すときなどはもちろんのこと、アパートなどで、留守のお宅への伝言などは、荷札に書いて、ドアのトッテにつけておきます。こうしておけば、紙きれをドアにはさむより、目につきやすいし、風で飛ぶ心配もありません。

ゆず入りサラダ

マヨネーズで野菜を和えるときにゆずの皮をごくごくこまかく、針のようにきざんで入れると、おもいのほか、ゆずの香りがマヨネーズと合って、いいものです。いちどお試し下さい。

あさりの砂

あさりの砂をはかせるのに、塩水につけますが、この塩水に、お湯をちょっとさして、日なた水くらいのぬるさにすると、砂を早くきれいにはくようです。

塩水の量も、ヒタヒタくらいがよくて、要するに、あさりが海にいるときと、おなじ条件にするのがコツです。

大根おろしで一品

今日のおかずは、ちょっとさみしいな、と思ったら、大根をおろしてかつおぶしをけずってたっぷりかけて、食卓に出しておきましょう。

そのまま、おしょう油をかけたりちょっともみのりをかけたり、酢じょう油で食べても、立派な一品ができます。

さらしねぎ

ねぎを買い置きしておくと、どうしてもかたくなってしまいます。

こんなねぎを薬味につかいたいときは、こまかく切ったら、さっとお湯でさらしてから、水洗いしてふきんでしぼりますと、やわらかく、口あたりもよくなります。

残った肉を

牛肉、豚、とり肉など、つい多めに買いすぎて、残ってしまうことがあります。

こんなとき、肉をボールにとり、ほんの少し、塩コショーして、サラダオイルをたっぷりかけて、まぶします。上をサランラップかアルミホイルでおおって、冷ぞう庫にしまっておきます。

こうしておくと、アブラが肉の表面をカバーしてしまうので、色は少しかわりますが、肉がかわいたり味がかわったりしませんし、クサミがでません。

なおアブラをまぶすときに、にんじん、玉ねぎの薄切りを、少しいっしょにまぶしておくと、次に使うとき、おいしくなります。

また、アブラをまぶすとき、決して指を使わないように、必ずお箸でまぶして下さい。

これは、コックさんがやっている肉の保存法の一つです。

お菜箸

お菜箸は、長いのも短いのもごちゃごちゃに使っています。

新しいのをおろすとき、大、中、小の三組を一ぺんにおろして、一番長くて太いのは、魚を焼くときや天ぷらなど、揚げもの用に主に使います。

中ぐらいのは、炒めものや煮もののときに使い、一番小さいのは、盛りつけ、お弁当のおかずを入れるときなどと、きめて使いわけると、仕事がしやすくなります。

また、盛りつけに使う菜箸は、箸の先を細くけずっておくと、細かいものをつまむとき、つまみやすく重宝します。

納豆うどん

納豆をこまかく叩いて、ねばり気をだして、しょう油をかけておきます。

うどんは、ゆでたてのところを丼にうつして、上にたっぷり、このきざみ納豆をかけます。

薬味は、さらしねぎ、七味とうがらしなど。

うどんは、とかくさっぱりしがちですから、たまには栄養豊富な、納豆うどんがよろこばれるでしょう。

おいしい赤飯

お赤飯は、めいめいゴマ塩をふりかけていただきますが、塩をかけすぎたり、もの足りなかったり、塩がひとところにかたまっていて、それをジャリッとかんで、口じゅうが塩からくなったり、どなたも経験ずみのことでしょう。

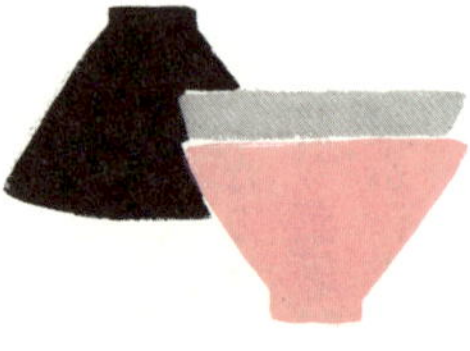

お赤飯を炊くとき、最初から塩を入れてたいたり、蒸すときにする打水に塩を入れておきますと、全体にほどよく塩味がまわって、あとは、こうばしく煎ったゴマだけを好みにかけて、おいしくいただけます。

このお赤飯の打水に、ぜんまいやわらびを煮た汁、野菜の煮汁、油揚を煮た汁などを打って下さい。これまた、少し変った、おいしいお赤飯ができます。

梅干し入り雑炊

トリガラでとったスープに、うすい塩味をつけ、この中に、ごはんをサッと水で洗ってから入れます。しばらく煮て、ごはんがやわらかくなってから、梅干しをちぎって入れ、すっぱさがほんのりとでたところで火を止めます。

ちょっと食欲のないときには、もってこいの雑炊です。

白焼きを

煮魚はきらいではありませんが、どうも生臭い感じで、とおっしゃる方に。

おさかなを一度、かるく白焼きにしてから煮つけてみて下さい。生臭い感じが、不思議ととれて、おいしくいただけます。

ミソ汁に白玉を

カゼをひいて熱を出したりすると食欲がなくなってしまいます。

そんなとき、ミソ汁に玉子の一つでも落してから白玉を入れてあげると、ご飯などとちがってツルツルと口に入りやすいので、けっこう病人も喜んで食べてくれます。

えのきのり

作るのに時間がかからない箸やすめを、というときの一品です。

えのき茸を半分に切って、お湯をざっととおしてから、水で冷やします。よく水をきって、これをのりの佃煮で和えて出来あがり。

あつあつのごはんにはもちろん、酒の肴にもなります。

切りとろろ

やまといもは、すりおろしたり、薄切りにしたりして食べますが、そのほかに、こんなおいしい食べかたがあります。

切りとろろ、とでも名づけたらいいでしょうか、薄切りにしたものをさらに千六本に切って、めいめい、好きなだけ小鉢にとり、納豆をかきたてるように、お箸でよくかきたてます。

おいもは、はじめの三倍ぐらいにふえて、ちょうど、とろろのなかにシャキシャキする歯ごたえで、きざんだおいもがまざっている、といったふうになります。

おしょう油で味つけして、もみのり、わさびなどで食べるのですが、本式のとろろより、このほうがおいしいくらいです。

ピクルスを使って

ピクルスは、とかく洋風のものに使いますが、ときには白菜漬や高菜漬、たくあん漬などといっしょに、こまかくきざんで、ごはんで食べると、また変った漬物になります。

ただし、甘くないピクルスをえらびます。

ふきの葉

ふきの季節です。

買うとき葉っぱをつけたままで、もらってきます。そして、葉だけべつに煮きます。

熱湯でゆがき、二度ほど水をとりかえてアクぬきをしてから、こまかくきざみ、しょう油とみりんで、からめに煮つけます。

香りがよく、ごはんがすすむ、佃煮ふうのおかずになります。

再生のネギ

あまったネギを、根のついたままコップにさしておいたら、根から水分を吸って、中のあおい茎だけがどんどん伸びてきました。切っても、少しはまた伸びてきます。

小家族なので、うどんやそばの薬味に、みそ汁の実に、けっこう利用しています。

たけのこを煮る

たけのこは、やっぱり厚く切って煮て、歯ごたえを楽しみたいものです。

急いで煮るときは、輪切りか半月にしたたけのこに、フチのほうから二、三本、庖丁目を入れておくと、味がしみこみやすいようです。

このくらいなら、食べるときの歯ごたえは、ほとんど変りません。

残ったたけのこ

たけのこを一本煮ると、どうしてもあまってしまって、少人数の家庭では、二日も三日も顔をだす、ということになります。

そこで、翌日はこれを細かく切って、ご飯に炊きこんで、たけのこご飯にしたり、かき揚げにすると、下味がついているので、なかなかおいしいものになります。

椎茸をダシに

おみそ汁の実に、キャベツとか菜っ葉など、ちょっと味の出ないものをつかったときは、干椎茸を細切りにして、一つか二つほうりこむと、けっこう味がでて、うれしいものです。

干椎茸は洗うだけで、そのまま、早目に入れます。

りんごのソース

りんごは、とても重宝なくだものだと思います。なかでも、安くて甘ずっぱいものが、いろいろ使えていいのです。

いちばんおすすめしたいのは、りんごソースです。牛肉や豚肉の薄切り焼きや、トリ肉の焼いたものに、つけながらいただきます。

りんごの皮をむいて、丸のまま、ちょっと塩水につけてから、すりおろします。すったりんごの、だいたい七分目のおしょう油と、日本酒で全体の量の、五分の一ほど用意します。

さきにおしょう油とお酒を合せてサッと煮立てて、冷めてから、大根おろしをまぜるように、りんごをまぜ合せます。

焼き上った熱い肉にこれをつけて食べますと、甘くて、すっぱくて、おしょう油の味がきいて、ほんとにおいしいソースです。

それからカレーを作ったときも、もう一つ、味がはなればなれになってなにかまずい、というとき、小さめの、甘ずっぱいりんごをすって入れます。ずっと味がふくざつになっておいしくなります。

それから、酢豚をつくるとき、パイナップルのかわりに、りんごを切って入れても、パイナップルとは、また変ったおいしさになります。

ガラスのコップに

ホットレモンやホットオレンジなど、熱い飲みものを作るとき、ガラスのコップに、熱いお湯を注ぎますが、スプーンを一本さし込んでから入れると、コップが割れません。

たぶんスプーンを伝って熱が外へ逃げるためでしょう。

サバランふう

バタロールとか、ブリオッシュなどのパンが、固くなったときの利用法です。

砂糖に水を加えて火にかけ、シロップを作り、ここへブランデーを少々入れて冷まします。冷めたら、パンを二つくらい切って、このシロップをしませて、アルミ箔に包んでおきます。

ストーブの上であたためたり、フライパンなら弱火であたためると、香りがこもって、サバラン風のお菓子ができます。

紅茶にジャムを

北欧の人は、紅茶をいただくときに、まず舌の上にジャムをおいて、それから紅茶を飲むということですが、これは、紅茶の中にジャムを入れた飲みものです。外から帰ったときなどに、一ぱい飲むと、体がとてもあたたまります。

大きめのカップに、砂糖を少なめにして、熱い紅茶をたっぷり入れ、ここへ、大サジ山盛りいっぱいのジャムを入れて、それにブランデーをほんの少したらして、かきまぜていただきます。

ブランデーの代りに、ウイスキーでもけっこうです。

ブドー酒を煮る

のみ残りのブドー酒は、そのままほっておくと、すっぱくなってしまいます。

サラダに使ったりするときは、そのままでもいいのですが、すっぱすぎるときは、一度煮立てると、すっぱ味がやわらかく、香りもよくなりますから、そうしてから、料理に使って下さい。

コックさんは、たいてい、こうやって使っているそうです。

残った漬物を

いちど鉢に盛って出した漬物を、もう一度だすのは、いい感じがしません。

ちょっとずつ残ったカラシ菜漬、京菜漬、ぬかみそ漬、たくあん、みそ漬、なんでもできるだけ細かくみじんぎりにきざんでまぜ合せ、冷ぞう庫に入れておきます。

塩味が足りないときは塩昆布をきざんでまぜてもいいし、梅干しやシソの葉漬を入れて、ちょっとすっぱくしてもおいしいし、煎りゴマをまぜても、そこは臨機応変です。

魚の酢豚

豚をつかわずに、白身の魚で酢豚ふうに作ってみました。生でも、ひと塩のものでも、粕漬でもかまいません。

豚肉とおなじように、一口で食べられるぐらいに切って、コロモをつけ、天ぷらよりちょっと熱い油で、カラッと揚げてつかいます。

豚よりやわらかく、またちがった味でいいものです。もちろん、魚は冷凍をつかえば、安くできます。

強火で

中国ふうの料理では、片栗粉をまぶして揚げることが多いものです。魚や肉を片栗粉にまぶして揚げるときは、油を充分に熱くしてから入れるのがコツです。

ぬるいうちに入れると、粉がとれてしずむから、コロモがはがれてしまいます。

ゆっくり揚げたいときも、コロモがかたまるまでは火を強くして、あと弱めます。

間に合う

フランスふうの料理を作っていて入れようとおもったワインが、切れていた、ということがあります。

そういうときは、日本酒に、レモンを少ししぼって使うと、ほとんど同じ効果がでます。

火からおろす

ものを炒めるとき、油が熱くなってきたら、野菜など、炒めるものをそのまま入れると、油がはねてイヤなものです。

ナベが熱くなったら、いったんナベを火からおろして、そこで入れるクセをつけておくと、はねずにすみます。

長いお箸

すき焼きやなべ物をするときは、めいめいに長めのお箸を用意しておきましょう。

みんなでなべをかこむときは、各自が、肉や野菜を入れてサービスするものです。いつものお箸では短いので、すぐ手が熱くなってしまって、思うように世話もできないし、とりにくいものです。

外からも

お掃除というと、つい家の中とか庭に限られてしまいます。

たまには家のまわりをぐるりとまわって、窓のサンや軒にも、ハタキか、できれば掃除機をかけてください。気のせいか、家が小ざっぱりと見えるからフシギです。

冠婚葬祭手帳

結婚祝いや、出産祝い、お年玉やお香典など、お金や品物をさしあげたとき、メモしておく手帳を作ります。

いつ、誰に、何のことで、何をあげたか、ちゃんと書いておくと、次の機会に、どれくらいのことをしてあげたらいいか、考えこまずに、あげられます。

身もとを

勤めている人は、たいてい身分証明書とか、名刺をもっていますが、ふつうの主婦や老人は、外出先などで、不意に倒れたりするときに、どこの誰だかわからないことがよくあります。

交通事故の多い世の中です。ハンドバッグ

とか財布のなかに、住所氏名、電話、連絡先などを書いた紙をかならず入れておきましょう。

スリッパの掃除

スリッパにも掃除機をかけましょう。といっても、このためにわざわざ、掃除機を持ちだすことは、ありません。

掃除のついでに、立ったままで、足もとをちょっとかけるだけですみます。

こうやって、家の人のスリッパを順々にかけてあげれば、いつもスリッパはきれいで、気持よいというわけです。

スチームアイロンで

じゅうたんについた家具の跡は、家具を動かしたとき、とても気になるものです。

スチームアイロンで、へこんだところにじゅうぶん蒸気をあて、かた目のブラシでていねいに毛並をおこして乾かすと、かなり目立たなくなります。毛並の方向を注意しておこします。

ぞうきんにテープ

ぞうきん刺しに、こんな工夫はいかがでしょうか。

綿テープを輪にしたものを、ぞうきんのどこの隅でもけっこうです。ひとつ縫いこんでおきます。

これだけのことですから、使うときの邪魔にはならないし、見た目にもおかしくはありません。ぞうきんをどこかにちょっとひっかけておきたい時など、このテープがついていると重宝します。

気持よく

毎日つかう炊事手袋ですが、たまには裏に返して乾かしましょう。

指をぜんぶ裏返すのはたいへんですが、途中まで裏返して、つるして風を通すだけでも、サッパリと気持よくなります。

わか葉

大根やニンジンを切るときに、葉つきのところを2センチぐらいに切って、コップにでも入れて、水をヒタヒタにしておきますと、いつのまにか、やわらかな、わか葉がでてきます。

台所の花にも、青味にも使えて、うれしくなってしまいます。

だんだん小さく

つくだ煮のように、割りあい永い間食べるものは、量が少なくなるにしたがって、容器も小さいものに入れかえてゆきます。

中身がだんだん少なくなっても、容器だけが大きいと、まわりにくっついていかにも汚なく、残りもののような感じがするからです。

冷めないように

シチューやカレーなどの煮込みものが早く出来て、ご飯まで間のあるとき、火にかけておくと焦げつくし火からおろしておいては冷めて、まずくなってしまいます。

こんなとき、大きめのフライパンに湯を三分の一ほど入れ、その煮上ったご馳走の入ったナベを、それにのせて弱火にかけておきます。こうしておきますと、いくら時間がたっても、煮上ったときの、そのままの味で、まずくなりません。

食事におくれた人の分も、こうやって残しておけばいいわけです。

丼ものをとったりしたときにも、ひとりだけ食べるのがおくれたりするときがあります。そういうときも冷めませんし、かえってあたたまって、おいしくなるものもあります。

お味見

シチューやカレーなど、脂っこい煮込みものの味を見るときには、表面をちょっとすくっただけでは、脂が浮いていたり、味がわかりません。

かならず、ナベの底までかきまぜてから、味を見るようにします。

しょう油むすび

おにぎりをにぎるとき、手に水と塩をつけますが、水のかわりに、しょう油をつかいます。しょう油の味と香りがして、塩味のおにぎりとは、ちょっとちがった味になって、こんなのもいいものです。

焼サンド

サンドイッチをたくさん作りすぎて、かたくなってしまったときに、これを、サラダ油か天ぷら油をたっぷりフライパンにとり、パンの両面がきつね色になるまで焼きます。

あついうちにいただきますと、サンドイッチとはちがった口当り、というより、かえっておいしいくらいです。野菜サラダのサンドは、ちょっと無理ですけれど。

洋風なます

大根とにんじんを千六本に切り、かるく塩もみするまでは、和風とおなじですが、こちらは甘酢のかわりに、酢のかったフレンチドレッシングで合せます。

長もちしますから、すこし多めにつくり、冷蔵庫に入れておけば、パン食のときのサラダ代りにもなります。

また、いただくとき、セロリのセン切りを加えたり、トマトをきざんだり、きゅうりの薄切りをまぜたり手軽に、たのしくいただけます。

ココアに塩

ココアをよくよくねって、熱湯で溶いて、こんどこそは誰にも負けないココアを作って、みんなをよろこばせようと張り切るのですが、いつも一本釘の抜けたような、物足りない味になってしまうのです。

ところが、ほんのちょっとしたことで、どの喫茶店にも負けないココアを作るコツを知りました。

お汁粉を煮るとき、お砂糖だけではどうしても味が物足らず、上りに塩をほんの少し入れるでしょう、あれなのです。

ココアがフアッと煮立ってきたとき、塩をほんの一つまみ入れて下さい。しっかりと、おいしいココアが出来上ります。

バタ・カステラ

固くなったり、あきてしまったカステラを、バタ焼きにしてみてください。フレンチトーストに似た味で香ばしく上等な感じです。

ふつうに切ったカステラ一切れにバタ茶サジ1杯くらいをフライパンに溶かして、中火で両面をこんがり焼きます。焼き上りにブランデーなんかふると、一段とけっこうです。

フライパンをきれいにしてからすることが、コツといえばコツです。

おぼえる

紅茶を入れるとき、どれくらいお湯を入れたら、二人前になるか三人前できるかを、前もってカップで計って、入れ目をポットの内側でおぼえておきます。

紅茶茶わんは、湯のみ茶わんと違って、家庭では、たいていきまっていますから、こうして、おぼえておくと、ポットに少し残ることもなく二杯目もおいしくのめます。

味のたすけに

ミートソース、カレー、ハッシュドビーフなどのカン詰は、急ぎのとき便利ですが、味の方がもう一つというものが多いようです。

あたためるとき、玉ねぎのミジン切りをよくよく炒めて入れると、うま味が出ますし、カン詰のくさ味もいくらか消えます。

ハワイアン

ハムのサンドイッチにあきたときに、かん詰のパイナップルを、さらに薄く切って、ハムといっしょにはさみます。

ちょっと変っておいしくいただけます。ひまがあれば、ちょっとフライパンで、パイナップルを炒めると、これがひと味ちがってきます。

スパゲチにサラダ油

ゆでたスパゲチを、そのままにしておくと、くっついてしまってほぐしにくく、困ってしまいます。

ゆで上がったら、ちょっとサラダ油を垂らしておくと、油のために、くっつくことがなくて、いつまで置いてもサラッとしています。

熱湯シャワー

ロールキャベツを作るとき、キャベツに、穴をあけないようにはがすコツを一つ。

キャベツをまるのまま、芯をくり抜いて、この穴を上にして、ボールに入れます。

そのくり抜いた穴に、熱湯をそそぎこみ、全体が、かぶるくらいに入れたら、フタをして、そのまましばらくおきます。

こうしておくと、キャベツは少しやわらかくなって、ずいぶんはがしやすくなります。

辛子を入れる

ポテトサラダをするとき、マヨネーズにフレンチマスタードを思いきってたくさん入れたもので和えるとぐんとおとな向きの味になります。量はサラダが美しいクリーム色になる程度です。

ゆでた玉子をみじん切りにしたものも、これで和えると、しゃれたペーストになります。パンにぬると、おいしいものです。

サンドに板を

サンドイッチを切るのは案外むつかしく、苦労するものです。ミミを厚く切りすぎていびつになったり、切った大きさがまちまちになったり二段も重ねると、切っているうちに途中でくずれたり、おさえた指のあとがついたりします。

菓子折りのフタかなにかを利用して、小さな四角な板ぎれをつくります。いつも使うパンの大きさより、ミミの厚さ分だけ小さくした寸法に切っておきます。

この板を出来上ったサンドイッチの上において、板のフチにそって庖丁を動かして切ります。

板がタヨリになって庖丁がすべらないし、いつもおなじ巾に切れるし押さえるのが板だから押さえやすく、押した指のあともつきません。

たくさん作るときも、同じ大きさにそろいます。

茶こしで

お弁当やサラダなどに、ちょっと色どりに、ゆで玉子の黄味を裏ごししてふりかけますが、ほんの少量にわざわざ大きい裏ごし器を使うのはめんどうです。

目の粗い茶こしでやると、量もほどよく簡単にできます。お菓子に粉砂糖をふるかけるときも、じゅうぶん間に合います。

片栗の研究

中国ふうの料理は、最後はたいてい、片栗粉で汁をまとめます。

水溶きした片栗粉を入れるとき、火にかけながらやるので、すぐに煮え、かたまりになってしまいます。

片栗粉を水に溶いているあいだだけでも、ナベをしばらく火からおろして汁をさましかげんにして、片栗粉を入れてからもう一度火にかけると、そんなにあわてないで、上手にとろみがつきます。

しょう油味

西洋料理の味つけに、ほんの少しおしょう油を使ってごらんなさい。たいてい、味がしまって、おいしくなります。

例えば、カレーライスなんかも、火をとめる直前に、しょう油を少し入れます。塩とカレー粉では、もう一つ味が、というときに、しょう油を使うと、コクがでるようです。

ボルシチなど作るときも、同じ要領で、火をとめる前に、しょう油を入れると、味がシャンとします。

おしょう油を入れたら、煮すぎないように注意します。

即席シミ抜き

上着やワイシャツやネクタイなどに、お味噌汁や、おしょう油を垂らして汚してしまったとき、どうなさいますか。

すぐに、タオルを半分だけ水でぬらし、ぬれたところを、汚れの上にあてて、一緒にもみます。汚れがとれるまで、何回かタオルをずらしてもみます。

すっかりとれたら、乾いた方で、しめり気を吸いとります。こうすると、着たままでも、そうぬれた感じがしないですみます。

花替え

玄関に生けた花はずっと玄関に、窓ぎわに置いた花は、ずっと窓ぎわにと、なりやすいものですが、日によって、置く場所をとりかえてみましょう。

部屋の感じも変りますし、いつも日陰に置かれた花も、たまにお日様にあたって、うれしそうです。

アイロン台で

服にブラシをかけるとき、片手に持ったり、ハンガーにかけたりするよりも、アイロン台を使うと、ずっとよくできます。

ズボンや袖に通せるような形になっているアイロン台です。毎回でなくても、アイロンかけのついでのときに、ブラシも一緒にかけると楽です。

いつもは、おまじないのようにしかはらってなかったのに気がつきます。

トリのスープ

トリのガラやブツ切りでスープをとるときは、さきに、ガラをきれいに水で洗ってから、熱湯をサッとかけて使いますと、クセのない、おいしいスープがとれます。

さんしょの実

さんしょの実の独特な香りと、ぴりっとした、それでいてさわやかな辛さが、なににも、合うのでしょうか、さんしょの実入りのつくだ煮がいろいろ店頭に並んでいます。

さんしょの実のつくだ煮だけを買っておいて、ときに応じ、適当に、ほかのつくだ煮にまぜてみました。

この即席のさんしょの実入りのつくだ煮、なかなか、いけます。

おでん

おでんは、大きなおなべで、長くコトコト煮ますが、食卓に出すときは、あたためた土なべに移しかえて、ちょっと火にかけ熱くします。

金物のおなべをそのまま出すよりおいしそうですし、冷めるのもちがいます。

お茶漬に

ちりめんじゃこを、日本酒とおしょう油半々の、ひたるぐらいの汁でカラカラになるまでいりつけます。

あたたかいご飯の上にこれをのせて、あればもみのりをふり、お茶をかけていただきます。おいしいこと請合いです。もちろん、日もちの点でも大丈夫です。

さしみのつまに

大根でさしみのつまを作るとき、しその葉のような青い葉っぱを、細かく切ってちらします。

白と緑で、おたがいの色がさえてきて、映えるし、しその葉は、いい香りがします。

みそ汁に

みそ汁に溶き辛子を入れてみました。みその香りに、ツーンと辛子の香りがきいて、いいものでした。

みそ汁をよそう前に、お椀に小指の先ぐらい入れ、その上に汁をよそい、かきまぜていただきます。

ひねしょうがを、おろして少し入れても、さっぱりして、ちょっと変った風味になります。

トリの皮

おでんを煮るとき、ほかのタネといっしょに、トリの皮を2百グラムほど、大きめに切って入れます。

トリの皮のうまみがしみでて、ことに大根やお芋など、とてもおいしくなります。ほかに油っこいおかずのないとき、若い人や子どもたちにも好評です。

取り箸に

おでんをナベからつっつきながら食べるとき、こんにゃく、さといもはんぺんなど、つるつるすべるものが多いから、フォークを一本用意しておきます。

箸よりとりやすく、一度でさせますから、ほかのものの形もくずしません。

色糸で

赤ちゃんのカバーオールには、ホックがたくさんついていて、おムツを替えるたびに、どことどこを合せたらいいのかわからなくなって、ややこしい思いをします。

はめあう同志のホックに、色糸で印をつけました。ひとつずれて全部やり直し、などということがなくなりました。

あまり布で

服を作ったとき、布があまると、どんな生地でも、それでマフラーを作っておきます。そうすると、知らず知らずのうちに、ウールや、夏の薄物などでいろんなマフラーができて、たのしいものです。

こうやっておくと、服をやぶったり、ベルトをなくしたとき、カフスだけすり切れてとりかえたいときなどに、このマフラーをほどいて使います。

あまり布をそのままにしておくのももったいないし、整理のいい人ならそれでもいいけれど、そうでなかったら、後で使いたくても、どこへ入ってしまったか、わからないのがおちです。

セーターをほどいたら

セーターを編みかえるときや、ほどいて洗ってしまうときは、前身頃うしろ、ソデというふうにほどいてゆき、これを、それぞれのカセにして、ちがった色の糸やリボンでしばっておきます。

あとで編みかえるときに、ソデのヒジのところや、エリまわりのひどく傷んだところのくりまわしや、たし毛糸をするのに、とても便利します。

下着のゴムひも

パンツのゴムひもは、すぐにのびてしまって、取りかえるにしても、今度はゆるすぎたり、きつすぎたり……。いったいゴムひもは、どれくらいの長さが一番いいのか、その基準をお教えしましょう。

ちょうどはきよいゴムの長さは、ゴムをぬいてのばした、パンツのウエストのまわり（ゴムをいれるところ）の長さの2/3がよいのです。大人だったら、この長さに、結び目の分も含んでいます。

子どもは、大人より少しゆるめにしたほうがよいので、やはり、パンツのウエストまわりの2/3に、結び目分だけ足して、ゴムを切ります。

だいたいこれを目安にして、ゴムひもを通すと、きつからず、ゆるからずというはき心地になります。

こまかく刻む

味噌漬けは大きく切るから辛いのです。大根もナスも、きゅうりもみんなとりあわせて、細かく刻みます。瀬戸のフタものにでも入れて、いつでも食卓においておきます。

箸やすめにもいいし、ちょっとごはんの上にかけてお茶漬けもいいし、おにぎりの芯にしてもおいしいものです。

目玉焼きにかけたり、牛肉の焼いたのにかけたりしても、適当なからみと、みその香りが薬味の役目をしてくれます。

小盛りづけに

お椀のフタは、それだけを手にとってみても、形もよく、ほんの一口なにかよそいたいときに、なかなかいいものです。

このあいだ、ちらし寿司を盛ってみました。瀬戸物のお皿より、なにか落着いて、おいしそうに見えます。和菓子をのせたときも、とてもよくうつりました。

サケ缶にラー油

サケのカン詰は、そのまま、酢じょう油で食べてもおいしいものですが、ちょっと思いついて、ギョーザを食べるときのように、酢じょう油に、ラー油もいっしょにいれてみました。

意外にサケと合って、若い人に、とてもよろこばれました。

盆ザルで

ごはんをとりわけて、少しのお寿司を作りたいとき、盆ザルを使うとなかなかうまく酢が打てます。

冷めるのも早く、ザルを水にくぐらせてから使うと、ごはんがくっつくこともありません。

ハムも一皿

ハムやソーセージは、薄く切って食べるのがふつうですが、1センチくらいの厚いものを、両面バタで焼いて、ステーキふうにします。

これに、パイナップルをバタで炒めて添えると、立派な一皿です。

山かけラーメン

インスタントラーメンで山かけをしてみました。案外おいしく、お年よりにもよろこばれそうです。

まず山芋をおろし、ネギは5センチ位のタテ切りにしておきます。

ナベにラーメンとネギを入れ、熱湯をかぶるぐらいそそいで、三、四分煮ます。おそばがふっくらしてきて、ネギに火が通ったら、丼にとります。

ナベに残った汁でスープの素をとき、この汁でおろしておいたトロロをのばし、ラーメンの上からかけますが、銘柄によって、ずいぶん味がちがいますから、このときしょう油を足すなりして、好みの味を加減し、あとは、もみのりをかけます。

即席水ようかん

古くなって、砂糖のもどりかけた羊かんで、水羊かんを作ってみました。あらく刻み、ナベで、水をひたひたにそそいで煮とかし、型に入れます。

型はお弁当箱とか、ゼリー型に入れてかためます。

これは、ねり羊かんの水割りですから、ずっと口あたりが、やわらかくなっています。

とんかつに味噌

とんかつに、お味噌も意外と合い性がいいものです。

とんかつは食べよいように、ひとくちに切っておき、お味噌をちょっとつけて食べます。ついでに、ネギを4センチぐらいに細切りにしておき、とんかつといっしょにいただきます。ソースやしょう油で食べるのとはまたちがって、さっぱりとしていいものです。

食のすすまないときなど、ぜひどうぞ。

チョコレートで

チョコレートは古くなってくると表面が白くなってしまいます。このチョコレートを牛乳の中に入れて一緒に温めて溶かしたら、おいしいココアになりました。

半分に

ケーキを食べるときに、エクレアもショートケーキも、全部きれいに半分に切って出してみました。

一つはとても食べられないけれど半分なら、という人、一つではもの足りないが二つはどうも、という人、それに、あれもこれも食べたいという人もいて、好評でした。

裏ごしの目

裏ごしの目が片寄ったのは、使いにくいし、やぶれのもとにもなります。

ゴバン目が、ななめになるように置いて使うようにすると、いつまでもきれいに使えます。

あいのこ焼き

玉子2コを割りほぐした上に、メリケン粉を大サジ2杯ぐらいまぜ、砂糖大サジ1杯、塩少々で味をつけてフライパンで焼きます。

玉子焼きとホットケーキのあいのこですが、熱いうちにソース、しょう油、あるいはジャム、蜂蜜などなんでも合いますから、いろいろつけながら食べます。

軽いお夜食や、小さいひとたちのおやつに。

風呂と椅子

知りあいのお宅のお風呂場に、ペンキで塗った木製のウインザーチェアが置いてありました。

この椅子はお母さまがお年寄りなので、風呂のなかで、疲れたり、少し入りすぎて気分の悪いとき、腰かけてひと休みするためだと説明されていました。

早速、母のために、ふつうのあの木の丸椅子を置いてみました。それ以来腰をかけて体を洗うのがとても楽になって、そして、とてもお風呂に入るのがたのしくなったと母がいいます。小さな床几のような腰かけで、からだを洗うのと、全然かんじも違い、おかげで一つ親孝行をしました。

椅子はなるべくすわりのいいもの、そして必ずペンキを塗っておくことです。

ペンキの保存

日曜大工などで、使い残しの水性ペンキを、次に使おうと思ったときには、カチンカチンに固まって、使いものにならないことがあります。

ペンキなどを保存するとき、ビニールシートを缶の大きさに切って、塗料の表面にぴったりと張りつけるようにします。こうすると、空気がしゃ断されるから、固まらずに長持ちします。

もちろん、缶のフタはきっちりしめておきます。

カメラを肩に

カメラを肩にかけるときは、レンズ、つまり出っぱった方を、必ず内側、自分の体にむけるようにしましょう。

混雑のなかですれちがうとき、思わぬものとぶつからないともかぎりません。はじめはちょっと体にあたりますが、なれれば平気です。

疲れたときに

体がとても疲れたときや、なにかこってしまって気分の悪いとき、からだの力をぬいて、いままでやったことのないかっこう、グニャグニャからだを動かしたり、上にのびたり、下にこごんだり、タコ踊りのようなことをします。

つぎに両手の指先に力を入れて広げ、その

まま、同じようにやり、これを交互にすると、ずいぶん体が軽くなり、頭がスーッとします。

安楽椅子

背中が木の椅子は、長いこと腰かけていると、背中がゴツゴツあたって休まりません。毛布を、椅子の背に合せて、かけます。こうすると、あたりがやわらかく、立派な安楽椅子になります。

お年よりや病人、長いあいだ木の椅子にかける人には是非。

掃除の仕方を

冷蔵庫やガスレンジ、あるいはカメラやプロジェクターなど機械器具を買ったとき、説明書で〈使い方〉はよく読むのですが、〈掃除

の仕方〉はあまり読まないものです。

しかし、じっさいに使いはじめると、〈使い方〉はすぐおぼえて、ほとんど要らなくなりますが、〈掃除の仕方〉は必要です。

買ったときに、〈掃除の仕方〉の要点だけ、大きく抜き書きして、貼っておくと便利です。

ソックスを

病院や集会場など、靴をぬいで上る所へ行くときには、ソックスをバッグの中に用意してゆきます。

ストッキングの上にはいてから、そなえつけのスリッパをはくようにしますと、気持のわるいおもいをしないですみます。

重ねたスリッパの内側は、ずい分と汚れているものですから。

お茶帽子

毛糸のスキー帽を何回か洗ったら目がつまって、小さくなって使えなくなりました。

そこで、紅茶ポットにかぶせて、お茶帽子にしました。色も形もぴったりで愛用しています。

雨の日のもてなし

靴がぬれるのは、たいへん気持のわるいものです。

雨の日にみえた、お客さんの靴がぬれていたら、玄関先に新聞紙をしいて、その上に靴をのせ、なかにもんだ新聞紙をいっぱいつめこんでおきます。

帰られるまでに、いくぶんでも靴の湿り気をとってあげましょう、ということです。

キリとテープ

キリでいくつも同じ孔をあけたいときは、キリの必要な長さのところに、ビニールテープをぐるぐる巻いておきます。

これが目じるしになって、深さを気にしないで、どんどんあけてゆけます。手もみのキリだけでなく、電気のドリルのときにもできます。

定規を洗う

机の引出しに入れっぱなしの定規やものさしは、意外に汚れているものです。知らずに使って、白い紙を汚してしまうことがあります。

ときどき出して、きれいに洗っておきましょう。洗うのが心配なら、湿らせた布でふいておきます。

さびないように

はさみを使ったあと、布を切っても紙を切っても、刃のフチに、紙の粉や布の粉が、ずーっとつくものです。

使い終ったら、ちょっと布でふき取っておくと、切れ味がずいぶんちがいます。

はさみを長くしまっておくときはアブラを少ししませた、アブラぞうきんに包んでおきます。

初夏の章

板わさサンド

酒のさかなの「板わさ」は、かまぼこを厚く切って、ワサビじょう油でいただくのがふつうです。それをちょっと工夫してみました。

かまぼこを厚く切ることはおなじですが、二枚に離れない程度に、真中に庖丁を入れて、その間にワサビのおろしたのをほんの少々、ぬっておくのです。サンドイッチ式の「板わさ」です。

こうすると、ワサビの味がぐっときいて、風味よくいただけるようです。

わかめと青豆のご飯

板わかめを弱い火であぶるように焼いてから、もんで、細かくしておきます。グリンピースは、ゆがいてから、辛めの塩水に二時間漬けて塩味をつけ、水気を切っておきます。

昆布とかつおぶしで、濃い目のダシをとり、淡く塩味をつけたご飯を炊きます。

炊き上がったら、グリンピースとわかめをまぜ合わせます。あれば紅しょうがを酢につけて味をととのえ、その上から散らします。

磯の香りがたのしいご飯です。

初夏を

一年じゅうで、みずみずしいお野菜の豊富な季節です。

たまには、空豆をザル一ぱいゆでて、新じゃがのふかしたてを大皿に山盛りに出してバタを添えて、新玉ねぎの薄切りを水にさらして、かつおぶしをかけて、トマト、キュウリは丸のままで、といったような食卓を用意してみましょう。思いのほかよろこばれます。

きざみパセリ

パセリはたいていあまります。あまったら、きざんで水気をしぼり、広口の空ビンかタッパーに入れて、冷蔵庫に入れておきましょう。

パセリは少ししかいらないことが多いので、こうしておくと、いちいちきざむ手間がはぶけ、すぐ使えて便利です。

玉ねぎのミジン

ひまのあるとき、ひき肉と玉ねぎのミジン切りをいっしょに炒めてかるく味つけしてから、フタモノかポリエチレンの袋にでも入れて、冷蔵庫に保存しておきます。

そのまま、好みに味をつけて、おかずにしたり、オムレツの中身に入れたり、マッシュポテトと合せたり炒めご飯の具にしたり、トーストにはさんだり、とても使いみちのあるものです。

切ってから

玉ねぎの皮は、丸のまま急いでむこうとすると、皮がつるつるしていて、爪のひっかかりがつかず、むきにくいことがあります。二つか四つに切ってから、皮をとったほうが、楽にとれます。

しらすとチーズ

しらす干しは、大根おろしと合せるのがふつうになっていますが、粉チーズをまぶしても、おいしいものです。

朝のご飯にも、もちろん、パン食にも合います。チーズはこまかいほどよいようです。

洗剤でなくても

天ぷらやフライを揚げたあとのナベは、油がベトベトしてとても洗いにくいものです。

メリケン粉をお米のとぎ汁くらいにとき、ナベの八分目くらいまで入れて、火にかけます。二、三分ふっとうさせてからお湯を捨てて、水を流すだけで、すっかりきれいになります。

漂白液で

梅雨どき、じめじめしてくると、壁にカビがはえることがあります。

そんなとき、ただの水でふかないで、漂白剤を20倍程度にうすめてふきますと、カビがはえるのを防ぐのにも役立ちます。クスリの効き目は、一カ月くらいです。

雨の日のバッグ

ビニール製の、旅行用のボストンバッグが、手ごろな値段で、たくさん出まわっています。このバッグを雨の日の外出や通勤に使ったらと思うのです。

手ごろな大きさのを選んで、雨の日は、このの中にハンドバッグ、おべんとうは勿論のこと、ちょっとした持ちものもぜんぶ入れて、ファスナーをしめておきます。

こうしておけば、バッグが傘からはみ出してどんなにぬれようと、ビニール製ですから、びくともしません。中に乾いたタオルを一枚用意しておき、会社や家についたら、これで、さっとふいておきます。

色の美しい格子地などを選べば、とかく暗くなりがちな雨の日のたのしいアクセサリーにもなって、一段と気持もはずむというものです。

この場合のバッグは、持ちもののレインコートの役目をすればよいのですから、中のあまりしっかりしたものより、薄い裏のついただけの軽いものにします。

コルクの栓

ぶどう酒を冷蔵庫で冷やすときは必ず、ビンを横にして冷やすようにしましょう。冷やさないで飲むときも同じことですが、ビンをねかせてコルクをしめらせておかないと、あけにくいからです。

また、空いたビンを捨てるときにコルクの栓だけとっておくと、栓ぬきに失敗して、コルクをボロボロにしてしまったときに助かります。

火にあぶる

庖丁は、フキンでていねいに拭いても目に見えない水気がのこって、しばらくたつと、すぐサビてきます。

洗って、よくフキンでふいた後、ちょっと火にあぶります。こうすると、すっかり水気がとれて、あとはサビが出なくなります。

ニンニクじょう油

ロースハムやボンレスハムのうす切りを、ニンニクじょう油で食べてみました。ハム特有の臭みも消されて、生のままで、おいしく食べられます。

これにレタスやきゅうり、トマトを添えると、ちょっとした一皿になり、ごはんのおかずにもいいものになります。

塩加減

葉っぱや野菜をゆでるときの塩は水2リットルに茶サジ1杯の塩がちょうどよい、とおぼえてしまうと、なにかにつけて便利します。

これより多いと、塩気が勝って、からくなります。色をきれいにあげるのも、このくらいの分量がちょうどいいのです。

溶き玉子

フライをするときは、メリケン粉をつけて、次に玉子をつけ、その上にパン粉をつけます。ところが、この玉子は、よくほぐしても、白味がツルツルして、コシがつよく、よくまざらないのです。魚なり肉なりをそのままつけると、玉子がつきすぎて、パン粉の上にポトリと落ちたり、へこんだところはつかなかったり、いきおい、パン粉のつきが悪いのです。

こんなとき、玉子一個分に塩ほんの指先きで一つまみを入れますと、すぐに玉子のコシがなくなり、さらりとなってベトつかず、平均につきます。こうなると、パン粉もきれいにつきますし、第一、玉子が少しですみます。

フライを、上手に揚げるコツの一つです。

軽朝食

とにもかくにも忙しい朝、せめて二枚のビスケットに、たっぷりバターをはさんだサンドイッチは、いかがですか。

それくらいの時間ならなんとかなる、とおっしゃる方に、これには、濃いめのミルクティーがぴったりすることと、ビスケットは、あまり甘くないものを、ということを念のためお知らせします。

花キュウリ

キュウリのまわりに、たてにフォークで少しきつくスジをつけます。

これを輪切りにすると、切り口が花のような感じになります。

ほんのちょっとのことですが、なにか気分が変ります。塩もみ、酢のものに、早速いかがでしょうか。

サラダに青じそ

キャベツやニンジン、セロリなどを細長く切ったコールスローサラダは、食べやすくてよいものです。

その中に青じそを細く切って入れてみました。しその香りがプーンとして、目先のかわったサラダになります。

グリーンアスパラ

グリーンアスパラをゆでるとき、レモンの皮をすこし入れると、青臭さがやわらいで、おいしくいただけます。

また、火にかけるときナベを少しずらして、アスパラの根元が、火の上にくるようにすると、全体がちょうどよく、ゆで上ります。

アンチョビ

アンチョビのカン詰を用意しておくと重宝します。

カナッペや、ピザパイにのせるだけではなくて、にんじんや、セロリを、生で食べるときにのせたり、サラダやサンドイッチに入れたり、スパゲチにまぜたり、薬味のように使いますと、けっこう味が複雑になって、変化がたのしめます。

すきずぎですが、熱いご飯にのせるのもわるくありません。

ラディッシュの花

紅茶とケーキなどの集りに。

ラディッシュを、しゃれた器に盛って、塩を添えて出しておきますと、テーブルの飾りにもなりますし甘いもののあとに、さっぱりしていいものです。

たちまちのうちに売り切れてしまいますから、多めに盛っておきます。

スパゲチにお酒

スパゲチをゆでてザルに上げたら熱いうちにオイルをふりかけておくと、くっつかないのはご存じでしょうが、その上に、日本酒もパッパッとふりかけてやります。

こうしておくと、時間がたってもしこしこと歯ごたえのあるスパゲチが食べられますし、味も少しよくなります。

多めにゆでて、冷蔵庫に入れておいても、三日や四日は、じゅうぶんもちます。

ベーコン添え

ホットケーキをいただくとき、カラカラによく炒めたベーコンを、一人に二枚ほど添えます。

ホットケーキは、ミツやシロップをつけていただくので、口が甘くなってきます。そんなとき、ちょっとかじると、塩味のベーコンはなかなかどうして、ホットケーキの味をひきたてて、気の利いたものです。

もちろん、最初ベーコンを炒めるときに出る脂で、ホットケーキを焼きます。

おいしそう

さめたホットケーキや、昨日買ったケーキなどに、粉砂糖を、茶こしでパラパラとかけて出します。

別のものみたいに感じが変って、おいしそうになります。

うす揚げに

うす揚げをさっと火にあぶって、白っぽく色が変ってきたところを、ひっくり返し、油がジュクジュクわいてきたら、塩をパラッとふりかけます。

手早くレモンをしぼりかけて、熱いうちに食べると、病みつきになるほどおいしいものです。酒の肴にもよろこばれます。

にんじんの天ぷら

にんじんを細切りにして、天ぷらにするとき、浅草ノリで、胴のところを、オビのように巻いてまとめて揚げます。

ノリの巾は1センチ、二、三回巻くようにして、巻き終りの端は、コロモをつけて、はがれないようにします。少ししめったのでけっこうです。

ノリを巻いたところを端でつまみ、両はしにコロモをつけ、ノリのところはつけないようにして、揚げるのです。色どりもきれいで、とてもしゃれた天ぷらになります。

そのほか白魚とか、三つ葉など細いものをまとめて揚げるときに、この方法をやってみてください。

はねる油に

さて、天ぷらをと、油を火にかけると、いつ水が入ったのかパチパチはねて、とてもこわいことがあります。

こんなときは、火にかけたまま、長めの菜箸で油をぐるぐるかきまわしていますと、そのうちに、水分は蒸発してはねなくなります。

お弁当の味

朝、お弁当を作るとき、たまには余分にもう一つ作って、それをお昼に食べてみましょう。冷たくなると味の変るもの、甘すぎるもの、味がうすすぎるものも、よくわかって、お弁当作りの参考になります。

昆布を切る

おダシにする昆布は、買ってきたら10センチぐらいの長さに全部切ってしまって、カンにでも入れておきます。

これだと、使うとき、指を痛くして折ったり、いちいち庖丁やハサミをさがして切ったりしないですみます。

ついでにハサミで、二、三カ所切り込みを入れておくと、ダシもよく出て、よいようです。

わさび漬

オムレツは、ウースターソースにケチャップなんてきめないで、わさび漬をしょう油で溶いて、これで食べてみました。

ピリッと辛くて、ちょっとなんとも言えぬおいしい香りと甘味もあって、なかなかでした。

もりそば風に

中華そばを、ときには、もりそばやそうめんのように、そば汁につけて食べると、あっさりとしておいしいものです。

中華そばは、ゆでたら冷たい水でよく洗ってザルにあげて出します。暑いときには、上に氷のかけらを二つ三つのせると涼しげになります。薬味も、日本そばふうにさらしネギにします。

乳液の水わり

乳液はドロッとしていて、汗ばむ季節には不向きです。そこで、乳液に、四分の一ほどの量の化粧水をまぜてみました。

サラッとして、それでいてしっとりとした、いい具合の一びんになりました。

ブローチの位置

服を着てからブローチをつけるといくら鏡相手であっても、思った位置に、思うような向きでなかなかつかないものです。いらいらしてくると、こんどはピンがうまくとまらなかったり、意外と時間がかかるものです。

服をハンガーにかけてみて、ブローチを好きな場所につけてから着れば、おもう位置につけられます。

胸のハンカチ

胸のポケットに、かたちよくハンカチーフをのぞかせても、ポケットが深かったりすると、すぐずれて、中にひっこんでしまいます。

ハンカチを、ポケットの内側に安全ピンでとめておくと、いつまでもかたちがくずれません。

オシャレな人に

美容院というと、たいてい自分の行きつけのところを決めてしまいます。ときどき変えて、ほかの美容院に行ってみると、おもわぬ髪にしてくれて、自分のちがった新しさを、発見できるものです。

野菜入り

じゃがいもとにんじんを、1センチ角ぐらいのサイの目に切り、軽い塩味をつけてゆでておきます。

これをひき肉にまぜてハンバーグのように焼くと、肉だけのものより軽い感じになります。肉の足りないときのおぎないにもなるし、じゃがいもの好きな人なら、きっと口に合うでしょう。

セロハンテープ

ちょっとしたそそうで、玉子にひびを入らせたとき、そのままにしておくと、中から白味がにじみ出てきます。

ひびぐらいなら、セロハンテープをはっておきますと、二、三日は大丈夫、もつものです。

枝豆をおいしく

枝豆を青くきれいにゆで上げるには、はじめ塩をパラッとふって、お米をとぐようにもみ、一度水洗いして、塩ゆでにします。

＊

枝豆を食べ頃の塩味にするには、塩をたくさん入れなければなりません。そこで、ゆで上った熱いところに、塩をふると、おいしくいただけます。

イチゴにお酒

ひと山いくら、といったように安くなった、出盛りすぎのイチゴは、どうしても、風味がおちてくるようです。

お砂糖をかけたあと、ブランデーかウイスキー、キュラソーなどの洋酒をふりかけると、ずっとおいしくシャレたものになります。

バナナのデザート

デザートになんにもないとき、バナナをそのまま一本なりに出すのもなにかたのしくありません。

バナナの皮をむいて、5ミリぐらいの輪切りにし、レモンをしぼり、ラム酒をふりかけます。これをカクテルグラスにでも盛ると、なかなかステキなものになります。

梅干とお酒

日本酒をカップに半分ほどナベにとって、この中に梅干を、大きさにもよりますが四つか五つほど、タネをとって、こまかくきざんで入れます。

火にかけ、じわじわ煮えてきたら火をとめます。お酒の甘みと、梅干のすっぱみが、上手に溶けあって、いい味のものになります。

活きのいい白身の魚やイカがあったら、糸作りにして、これで和えて下さい。

また、かまぼこのようなものも、細く切って、これで和えます。

夏みかんに

夏みかんをむいて、お砂糖をかけつぶしていただくときに、ウイスキーを茶サジに一杯か二杯かけます。あのするどい「酸っぱみ」が、お酒で中和されるのか、なくなって、とてもなごやかな甘みに変ります。またウイスキーの香りとみかんの香りがよくあいます。

実を全部ほぐして、ぶどう酒をかけてもいいでしょう。

ジャムも一役

夏みかんを一袋ずつ皮をむいて細かくほぐしてから、ほどよくジャムをまぶして召上ってごらんなさい。

酸っぱすぎていやだというひとが目を細くしますよ。

イチゴのサンド

パンを薄く切って、バタをたっぷりぬります。そこへ、イチゴを2ミリか3ミリの厚さに切って、はさみます。

このサンドイッチ、適当に酸っぱくて、またかすかに甘く、バタの塩味もうまくあって、さっぱりしながら、なかなかしゃれた味です。

このイチゴは、もちろん、よくうれた甘味のあるものでないとダメです。

トリ肉を

トリの手羽肉か、骨を抜いたもも肉を、ひたひたの湯で、風味つけにネギとしょうがを少々、あれば、日本酒を少し加えて、きつめの塩味でゆでます。

もも肉で、ふっとうしてから十五分くらい。あまりゆですぎると、かえって、まずくなります。

熱いうちに、うすく切って、カラシじょう油でいただきます。

しょうがを

とろろ昆布のおつゆに、すりしょうがを、ほんの一つまみ、入れてみてください。

ねぎとは、また、ちがった味で、夏の食卓にちょっとしたものです。

レタスと塩昆布

昆布のつくだ煮をこまかく切ってレタスにくるんで食べてみました。

おいしいものです。お試し下さい。

スープをこす

きれいに澄んだダシをとりたいときはウラゴシでこしますが、大ていは、ウラゴシの中にふきんを敷いてここへダシを流しこみます。

ところが、ガラのスープのようにアブラの多いものなど、ふきんの目がこまかいので、つまってしまってなかなかこすのに時間がかかってしまいます。

コックさんは、ウラゴシの外側にふきんをすっぽり巻いて、輪ゴムかひもで止めて使っています。こうすると、最初ダシはあらいウラゴシの目を通って、大きいものはここでひっかかります。それから外側のふきんのこまかい目で、さらにこされて二度こせることになります。このほうが早くきれいにこせるわけです。

セロリの漬物

セロリは、どうしても上の方の細い茎や葉っぱが残ってしまいます。

これを、ミソ漬けかカス漬けにすると、風味がたっぷりのお漬物ができ上ります。

ボールかなにかに、ミソや酒カスを入れ、一晩か二晩、漬けこむのです。漬ける前にしばらく塩水に浸けておきます。おもしは要りません。

セロリがあまって、ちょっとしなびて、生で食べるにはちょっとだめだというときにも。

揚げパセリ

パセリは、西洋料理の色どりには便利なものです。ほんとうは食べるものなのに、いつもお皿に残ることが多いようです。

青みの消えないように、油でサットと揚げて、ちょっと塩でも振っておいて添えると、おいしく食べられます。

芯ぬき寿司

ごはんにお酢味だけをしっかりつけて、なかに、かんぴょうも、なにも入れないのり巻きをつくります。

このごはんだけののり巻きは、なかなかサッパリして、夏にはいいものです。

酢はあまり甘くせず、つけじょう油に、あれば本物のわさびを、添えたいものです。

みかんポンチ

夏みかんはすっぱくて、という方によろこばれる方法です。

実をほぐして、お砂糖をたっぷり入れ、少しつぶした夏みかんに、バナナのうす切りをまぜていただきます。

バナナからねばり気がでて、あの甘さがおいしくなって、すっぱ味がやわらぎます。これにぶどう酒を入れればなおけっこうです。

一月に二度

冷蔵庫や野菜かごには、いつのまにか、残りものがたまってしまいます。一月に二へんほど日をきめて、その日は買物にはいかないで、こういったものを利用して、おかずを作るようにしてみました。

わが家では、冷蔵庫で、ものをダメにすることもなくなったし、なかもきちんと整理ができて大助かりです。

それに、ちょっぴり倹約にもなるので、わるくありません。

イチゴを半分に

イチゴはいたみやすく、とくに箱の底になった半分は早く悪くなります。そんなとき、そこだけ切ると、いたんでいたところが目立ちます。

残りの全部も半分に切ってしまうと、どれがいたんでいたのかわからず、つぶしていただくときなんか、かえって食べやすくなります。

ポテト炒め

牛肉を買うと、すきやきに使うように脂がついてくることがありますが、いらないときは冷蔵庫に入れておき、じゃがいもを炒めるときに、こまかくきざんで使うと、おいしいポテト炒めができます。

生パン粉

フワフワのパンで作った生パン粉は、味はいいのですが、いちいち、手でちぎって作るのでは、ラチがあきません。

竹の目ザルにパンを入れて、グルグルかきまぜてごらんなさい。ちょうどいい大きさの生パン粉が、かんたんに作れます。パンのふちの固いところは、とってから、作ります。

よその魚屋さん

気の合った行きつけの魚屋さんもいいけれど、たまにはちがった魚屋さんをのぞいてみましょう。

魚屋さんによって仕入れがちがうので、並ぶ魚もかわります。いつもとちがった魚が買えて、かわった献立になります。

バタごはんにゴマ塩

熱いごはんの上に、バタをのせ、溶けかけたところに、おしょう油を垂らして召し上ると、とてもおいしいものです。

これにまた、おしょう油のかわりにゴマ塩をふると、またちょっと味がかわっていいものです。

揚げポテト

しばらく、新じゃがいものおいしいときです。この新じゃがをよく洗って、皮のついたまま5ミリぐらいの厚さに切って、油で揚げます。

まだ熱いうちに塩、コショーをして、いただくとき、サラダドレッシングをかけていただきます。

クレソンや、レタスやサラダ菜のような葉のものがよく合うので、いっしょに和えて、召し上ってください。マヨネーズで和えるポテトサラダと、またちがった味です。

盛りつけに

菜箸はまるいので、盛りつけ用に、四角な箸を一つ用意しておくと重宝です。角があるから、つるつるしたものでもはさみやすいし、ふつうの長さなので、楽に使えます。

もう一皿

コンニャクを、できるだけ薄く切って、さっとゆでます。

水で冷してから、しょうがじょう油でいただきます。なにかもう一皿ほしいときに。

残りで

おさしみが残ったら、その日のうちに塩をして、酢につけて冷蔵庫に入れておきます。身がしまって、全体が白くなりますが、このままで、二、三日ぐらい大丈夫です。

わかめ、キュウリ、みょうが、ウドなど野菜と和え、砂糖としょう油を少し入れると、おいしい酢の物ができます。

するめを裂く

するめは、焼きたてをむしらないと、細かく裂きにくいものですが、それも熱かったり、かたかったりでなかなかよくむしれません。

焼く前に、ハサミでヨコに、こまかく切り目を入れておくと、そこが手がかりになって、おもしろいほどよく裂けます。

たたき納豆

アジのたたきと納豆をまぜ、きざみネギを入れてしょう油をおとし、よくまぜます。

あついごはんにのせてもおいしいし、お酒の肴にも向きます。やまかけの変形のようなものですから、納豆は粒の小さい、やわらかいものを使います。

ナスを裂く

焼きたてのナスをしょうがじょう油につけながら、フーフーいって食べるのはおいしいものですが、熱くて、裂くのに一苦労です。

ちょっと、ナスのヘタをふきんでおさえて、フォークをたててヨコにひくと、簡単で面白いほどきれいに裂けるし、皮もフォークでむくとかんたんです。

爪楊枝

歯のわるい方にお茶を出すときはなに気なく、爪楊枝を出しておきましょう。

歯のつまるのは、食事のときばかりではありません。お菓子でも、果物でもつまります。

お盆の利用

お盆は食器をはこぶものと、きめてしまっていますけれど、ほかにも使ってみると便利です。

机の上を片づけるとき、散らばっているものを、いったんお盆の上に移してから、そこをきれいにしたりそのままお盆ごと縁側にもっていって、ホコリをはらったりします。

二階の部屋に上るときなども、めがねとか、くすりとか、雑誌や新聞など、持って上るものを、そのたびにのせておいて、最後にそのお盆をもって上れば、一度ですむというわけです。

トーストを

トースターが故障したので、パンを焼くとき、玉子焼き器で焼いてみました。

バタをとかし、弱火で焼くと、きつね色にカラッと出来上ります。チーズをのせて、フタをし、トロッとさせたチーズトーストも、ほどよく焼けました。

マナ板

せまい台所では魚用、野菜果物用と二枚のマナ板はおけません。いきおい一枚のマナ板の両面をつかうことになります。

それがはじめのうちは、こちらが魚、こち

らが野菜と、なにかの目印で区別して使っていますが、そのうちわからなくなって、いちいち、においをかいだりしなければならなくなります。

新しいマナ板をおろすとき、こちらは魚むこう側は野菜に使う、ときめて、野菜の方の角をひとところ削っておきました。こうしたら、いちいちよく見なくても、ひと目でわかり便利しています。

かまぼこの工夫

板かまぼこを板からはがそうとするとき、庖丁でそぐと板までけずってしまったり、逆に身をのこしてそいだりします。

庖丁を逆にして、ミネの方でこそげるようにすると、適当にはがれて身もきれいに、ムダなくはがすことができます。

サラダにらっきょう

きゅうり、トマト、レタスなど野菜サラダの材料のなかに、らっきょうをごくうすく切って、パラパラと加えます。

ちょっとかわった、しゃれた味になります。

セロリとリンゴ

セロリとリンゴとチーズのサラダをご存じですか。作り方は、いたって簡単、別にこれといったきまりはありません。

みな、うすく短冊やいちょうに切って、マヨネーズで和えるだけですが、この三つの味の調和は、サラダの中でも最高だと、すすめる食通もいるくらいです。

それから、べつの作り方では、リンゴを、たてに四つに切ってから、3ミリか4ミリの厚さの半月に切ります。この上に、好みのチーズの薄く切ったのをのせていただくのですが、これもなかなかいけます。紅茶にもコーヒーにもよく合います。

ピーナッツバタ

ふつう売っているピーナッツバタは、ちょっと甘くてしつっこく感じるときがあります。

ピーナッツを、なるたけ細かくきざんで、適当にバタとねり合わせ、パンや、ホットケーキにつけていただくと、売っているピーナッツバタとちがった、ずっと軽い味のものになります。

好みでお砂糖のかげんもできますし、この自家製ピーナッツバタもなかなか捨てたものではありません。

レモンの皮を

レモンの皮を細くきざんで、砂糖をたっぷりまぶしておきます。砂糖漬というより、レモン糖というわけです。

熱い紅茶に少し入れますと、その香りがとてもたのしく、おいしくいただけます。

ぬかみそサンド

ぬかみそのカブやきゅうりを、適当な厚さに切ります。そのままバタをたっぷりぬったパンにはさみ、サンドイッチにします。生とはちがうおいしさだし、水っぽくもなりません。

漬かりすぎてすっぱくなったものも、こまかくきざんで、ゆで玉子のつぶしたものとまぜて、マヨネーズで和えます。ピクルスとはまたちがった味で食べられます。

チョコレートソース

ココアと粉砂糖を、紅茶茶碗に入れて、スプーンでよくよくまぜ合せてから、熱湯を少しずつ垂らして練りますと、アイスクリームやババロアにかけるチョコレートソースができます。

甘さはすきずきで、粉砂糖の量を加減して下さい。

焼飯にレモン

焼飯の出来上りぎわに、ちょっとお酒をふると、ふっくらと味がよくあがります。少量のおしょう油をさすと香ばしくあがるのもご存じでしょう。

そのとき、レモンを数滴しぼりこんでみてください。さわやかに仕上ります。

整理のとき

家の中を整理するとき、どこかの引出しを、一つだけカラにしておきます。

きちんと分類したつもりでも、ちょっとしまっておきたい物や、どこにも整理できない物がいくつかでてきます。そういうものを、ちょっと入れるところが、どうしてもいるものです。

そして、そこに入れておくようにすれば、あとで探すときも、すぐわかります。

口ひろの花ビン

口ひろの花ビンに花を生けるのはとてもむつかしいものです。

ケン山を底にしずめてみたり、小さい花ビンに花を入れ、それを、入れたりしていますが、たまによく生かったと思っても、しばらくするとかたちが変ったり、横だおれになったり、むつかしいものです。

花屋のおじさんにきいた工夫は、サカキや、杉の小枝など、こまかい葉のついているものを、花ビンに八分目ほどつめて、葉のパッキングをつくります。ここにさせば、二、三本の花でも何の心配もなく、自由に好きなところにさせるのです。

中に入れた葉は、水が充分なら、一カ月以上は、もちます。しかし、葉の分だけ水が少なくなっているので、水はたっぷり入れてください。

＊

葉がないときには、花ビンの口にアルミ箔でつめものをします。少し中のほうへ押しこんでおけば、みた目もそれほど気になりません。

巾を揃えて

空の紙袋をとっておくとき、袋の巾が一目でわかるように、横にして、立てておくと、使うとき便利です。なお、底を手前にしておくと、厚みのあるなしもわかって、思う大きさの袋を引き出せます。

ふりかけ三つ

なにかちょっとご飯の上にかけるものを作っておくと、朝食や、どうも今日のおかずは少ないな、というときは、いいものです。

●サラダ油でも、てんぷら油でもけっこうです。熱くなったフライパンに油をいれ、まわしながら、油をまんべんなくひきます。油が熱くなったところへ、桜えびを入れて、箸でかきまぜ、煎りあげます。

火は中火、こがさないように、パリッと揚げるのが大切です。火からおろすまえに、塩ひとつまみ入れてから、器にとります。器は、しめらない、フタつきのものがけっこうです。

●薄あげ2枚か3枚に、熱湯をかけて、しばらくおきます。しばらくたって、水気がきれたら、これをミジンぎりにして、油で炒めます。油の量は、2枚のときで大サジかるく1

杯ぐらい、じゅうぶんに炒めてから、塩味をつけて、火からおろします。

●ごぼう、にんじん、れんこんを、それぞれミジンぎり。ゴマ油をつかって、中火でていねいに妙めます。

味つけは、おしょう油。もし、砂糖をつかうときは、ごく少量にします。にんじん、れんこんは甘味の多い野菜ですから、この甘味をころさない程度に入れます。

ワカメも

キャベツをぬかみそに漬けるときワカメもいっしょに漬けます。コンブとちがってやわらかくて、なかなかおいしいものです。

ワカメは水につけたりせずに、そのまま入れ、出してから適当な大きさにきざみます。

変りいなり

おいなりさんのなかに入れるご飯に、酢の味のきいた白す干しを入れます。

白す干しを一時間ほど前から、お酢につけておき、やわらかくなったところを引き上げて、ご飯にまぜます。残った酢も、すしご飯の味つけのたしに使います。

こうしますと、口当りのちがった目先きのちょっと変った、おいなりさんになります。

コブ茶を

薬味というと、きざみねぎからはじまって、七味唐がらし、コショー粉ザンショウ……などがありますが意外にいい薬味はコブ茶です。

ちょっと塩味がして、海草の香りがプンとして、うまみもあって、風味をひきたてる役割をはたしてくれます。

湯どうふのつけ汁の中にちょっと加えたり、お味噌汁にパラパラッとふりこんだり、とろろにふりかけたり、野菜サラダにすこし変った味がほしいとき、また、納豆をいただくときに。コブ茶にしょう油をおとして、白いたきたてのご飯に添えたりいろいろに利用できます。

和ふうハンバーグ

きんぴらごぼうが残ったとき、これをこまかく切り、玉ねぎなどの野菜もこまかく切って足し、一緒に炒めます。

この中にひき肉を入れ、メリケン粉をつなぎにし、きんぴらの煮汁、塩、しょう油で味をととのえて、普通のハンバーグと同じ大きさに形をつけて、フライパンで焼きます。

だ円のお皿

ちょっと大きめのだ円形のお皿を一枚買っておきましょう。たまには出来上った料理を、一人ずつでなく家族みんなの分を、いっしょに盛合せにして、テーブルにおきます。

丸いお皿より盛りやすいし、見た目も豪華です。

柄の役目

フライパンで、炒めたり、焼いたりしているとき、持っていたバタビーターや菜箸を、フライパンの柄の、くぼみにそって、もたせかけることにしました。

塩やコショーをふる間の置き場にこんない場所は、ほかにないといってもいいくらいです。

水遊び

たらいやビニールのプールで、子どもたちが水遊びする季節になりました。小さい子のためには、水は少し前からくみこんで、ちょっとぬるませておきましょう。あまり冷たい水に、急につかるのは、よくありません。

花ビンの中

行きつけの花屋で、こんな話を聞きました。「どういうわけか、みなさん花ビンを洗いませんな。水をかえることや水切り、クキを焼くことなどはやっておられるけれど、白いはずのツボの内側が茶っぽくなってしまったり、あれじゃ、もつ花も、もちませんよ。切り花をながくもたせるには小まめに、花ビンの中を洗うことが第一でしょうな」

ちょっと、盲点をつかれた感じでした。やってみると、たしかにちがうようです。口がせまく手の入らないものでも、洗剤でふり洗いすればきれいになるものです。

重しに

そろそろ一夜漬のおいしい頃になりました。しかし漬けものの重しが見つかりません。そんなとき、カン詰をそのまま使ってみました。果物のカン詰など、けっこう重く、二カンもつかえば充分です。

一カン、二カンと重さが加減できるので、サンドイッチの重しや、とうふの水切りにも使えて便利です。

ただ、カンがさびないようにポリ袋に入れて、使って下さい。

即席調理台

せまい台所での食事の仕度は、ものの置き場所がなくてイライラすることがあります。流し台や、食器戸棚の引き出しを半分ひきだして、滑りにくい長手盆をおき、即席調理台にします。

流しで

砂糖を袋からツボにあける、しょう油を、しょう油つぎに入れる、こんなとき、注意していても、必らず少しはこぼしてしまうものです。こういう仕事は、みんな流しの上でします。洗い桶にマナ板をわたしてもいいでしょう。

こうすると、こぼしてもあわてることもないし、水で流せば、台ぶきんなどをゆすぐ手間も、はぶけるというものです。

ドロハネ

雨の日は、パンタロンのすそにドロハネがついて困るものです。少し乾かしてから、ナイロンのタワシでていねいにこすりましたら、ふつうの毛のブラシでこすったときより、きれいに落ちました。

もちろんナイロンタワシは、よく乾いたものを使います。

チーズにレモン

チーズのサンドイッチのとき、チーズに、ごくうすい輪切りのレモンを添えてパンにはさみます。チーズの濃い味に、レモンの水気とすっぱ味があいます。

こうやると、チーズがあまり好きでない人も、つい食べてしまうくらいです。

フライドキャロット

にんじんを、1センチくらいの巾の拍子木に切って、うすくメリケン粉をまぶして、油で揚げます。中火で、まだ芯にすこしかたさが残る程度で揚げて、油をきり、塩をふります。ビールのおつまみにしたり、なにもないとき、即席の一品にもなります。

くるくると

そうめんやうどんを、もりそばふうに食べるときは、ザルに上げるとき、一つまみ分ずつ、くるくるとまとめて盛っておきます。

こうしておくと、水がきれてしまっても、ぜんぶくっついてしまうことがなく、一箸分ずつとれて、食べやすいものです。

のこったときも、もう一度水につけたりしなくてすむので、おいしさもそうかわりません。

ゆかり

梅漬のしその葉を干して、粉にしたゆかりは、あったかいゴハンにふりかけたり、おむすびにまぶすと、食がすすみますが、炒めゴハンやスパゲチにふりかけても、意外とおいしいものです。一度お試しになってください。

揚玉丼

天ぷらの揚げかすを、そばつゆくらいのダシで煮立てて、熱いご飯の上にかけます。その上にもみノリをちらすと、即席のしゃれた丼になります。

かくし庖丁

粒の大きめのいちごは、よくタテに二つ割りにしますが、切ってしまうと、盛ったとき、いたんでいたところを切ったようですし、折角のいちごの姿がわるくなります。

二つに切ってしまわないで、ヘタの方から十文字に庖丁目を入れておくだけにします。見た目は丸のままですが、いただくときには、つぶしやすく、いいものです。

それから、いちごのヘタをとるとき、指でつまんでとりますが、そうしないで、小さめのスプーンの先でほじるようにしてとります。案外よくとれて重宝です。

納豆にしょうが

ごはんに納豆をかけて食べるとき、からしの代りに、しょうがをすって入れます。のどの奥がピリッとする感じで、からしとまたちがったおいしさでいただけます。

夏みかんソース

ハムやソーセージを炒めて、おしょう油をかけていただくとき、あれば夏みかんの汁もしぼってかけます。

レモンとはすこしちがい、なんとなしに甘味がついて、またべつの味になります。

ボタン2題

服地やボタンの色に合わせて、糸を全部そろえておくわけにもゆかずそうかといって、いくら間に合せだからといって、色ボタンを白糸や黒糸でつけるわけにもいきません。白の木綿糸に、ボタンに合った色のクレヨンをぬって使います。クレヨンの蝋がすべりをよくしてくれますし、その上、糸も丈夫になり、とっさの場合、けっこうこれで間に合います。

＊

ボタンにも流行があって、少し変ったボタンをつけようものなら、半年もたつと、もうそのボタンはありません。ボタンが一つなくなったために、その服のボタンを全部とりかえたご経験は、どなたにもおありでしょう。たいていは、二個ほど余分を買っておきま

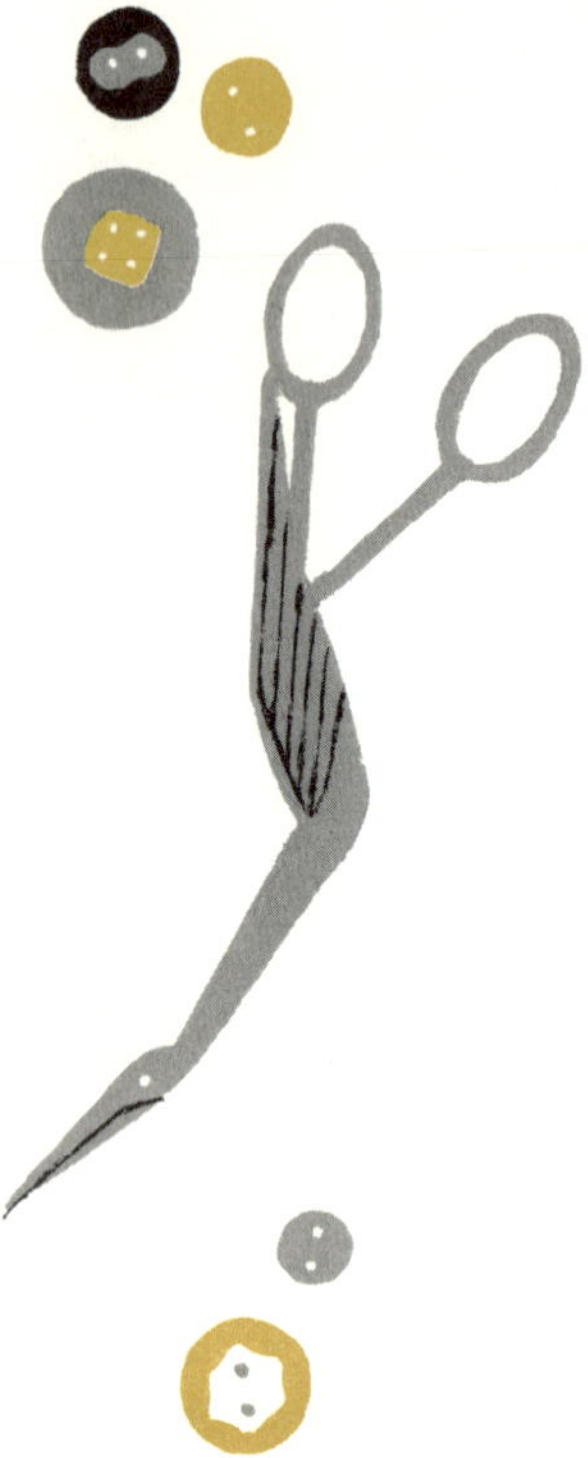

すが、さて「ボタンがとれてなくなった」というとき、ボタン箱や針箱の中をやたらに探しても、何処にしまったかわかりません。

その予備のボタンを、その服のポケットの内側とか、打ちあいの中とか、目立たず、着るとき困らない場所につけておくと、いざというとき旅先やオフィスでも助かります。

トンカチ

金づちの釘にあたるところは、一方は平らですが、一方は少し丸味をおびています。最初は平らな方で打って、おしまいはふくらんでいる方で打ち込みます。

これは木を傷めないためなのです。ちょっと見分けがつきにくいので、どちらか、白いペンキで目印をつけておくと便利です。

頭を手前に

トンカチ、ペンチ、ヤットコなど日曜大工の道具類を、引出に入れるときには、頭の重いほうを手前にすると、引出しが、中でつっかえて開かない、などということがなくなります。

数をきめる

針は落しても、つい気がつかないことがありますが、たいへんあぶないものです。まち針でも、一度に、そう何十本も使うものではありません。

ぬい針は2本、まち針は10本というように、本数をきめて針山にさしておき、予備はきちんと包んでしまっておきます。使ったあとは、必ず本数を確かめるように習慣づけると安心です。

そばつゆ

若いひとや、油っこいものがお好きな方がいらっしゃる家では、おそばとかうどんというと、どうもあまり、浮かない顔をしがちです。

こんな方たちのために、つけ汁をご紹介しましょう。

ザルそばとかカケは、ふつう、昆布やカツオブシ、煮干などで、あっさりした味に作りますが、トリのガラを少し多めにつかって、ダシをとってごらんなさい。これにしょう油や砂糖などを入れて、好みの味をつけるわけです。

のりやねぎの薬味を落していただきますと、おつゆがこってりしていて、そばやうどんでは物足りない、という連中も、ふしぎなくらいお代りをします。

おひたし

モヤシをさっとゆでて、ショウガじょう油で食べてみました。なかなかオツなものです。ショウガがないときは、カラシじょう油でもいけます。

くらげ

くらげというと、中国料理にしかならないと思いがちですが、これを和ふうに白和えやゴマ酢和えにしても悪くありません。

塩くらげは冷蔵庫にでも入れておけば保存がきくので、なかなか重宝です。

かたい梅干し

塩でかたくなってしまった梅干しは、ひか

らびたようで、まずそうです。

ちょっと蒸しますと、ねっとりとつやも出て、見た目にも、すっかりおいしそうになります。

にぎりずし

にぎりずしのタネに、生椎茸をのせてみました。酢味のご飯とよく合って、おいしいにぎりずしができました。

生椎茸は、石づきを取って、両面をこんがり焼き、にぎったご飯の上にのせて、上からレモンをキュッとしぼります。

朝から音楽

梅雨の時期、朝、目が覚めたときに、うす暗くて、雨音がしていると、どうにも気がおもくなります。

そんなときは、音楽を流してみます。朝の支度や、出勤前のあわただしい時間ですが、なんとなく気分も晴れやかになって、キビキビ動けます。

ツアサイを一びん

中国の漬けものの、ツアサイが一びんあると、おかずに変化がついていいものです。

それ自体にしっかりとした味があるので、うすく切って、蒸したトリやとうふと和えたり、きざんでサラダに加えたりすると、味のアクセントになります。

夏の章

夏寿司

ちりめんじゃこと、針しょうがだけをまぜたお寿司です。酢にも甘みはつけずさっぱりと仕上げ、上にはもみノリをかざるだけ。ごはんを炊くとき、だし昆布をいっしょに入れると、最高です。

しょうがのかわりに、青じそもいいものです。

西瓜を真二つに

西瓜を真二つに切るのは、なかなかむつかしいものです。一生懸命に気をつけて切ったつもりが、片方が大きくなって、みんなに、大きいの小さいのと、文句を言われてしまいます。

新聞紙に、直線を描いて、その上に、西瓜のまんなかを合せておきます。片手で西瓜を押えて、なるべくその場所を、動かさないようにします。庖丁は、新聞の線をにらみ合せて、その線から外れないように、注意して切ってゆきます。

真二つとまではゆきませんが、こうやって切れば、まあまあ、同じぐらいに切れます。

みそ汁茶漬

おさしみにむく自身のお魚ならなんでもけっこうです。

ご飯の上におさしみをのせて、上からおみそ汁をかけていただく、夏の食欲ふしん退治料理。

コツは、みそ汁にちょっと手をかけます。みそ汁が煮立ったところにスリゴマ一人あて茶サジ1杯くらいずつ入れて、火をとめます。みそ汁はふつうのむのより少しうす目にして下さい。

サラシネギ、針しょうが、キザミみょうがなど薬味を添えて、熱いおみそ汁をかけていただきます。不意に見えたお客さまにも、おあつらえむきでしょう。

海水の味

あさりや蛤などの砂をはかせるときや、魚の切身に、全体によく塩味をつけたいとき、キャベツなど即席の漬物をつけたりするときなど、いろいろ「海水程度の濃さ」の塩水につけます。

この海水程度の濃さの塩水というのは、だいたい牛乳びん一杯、180ccの水に、茶サジ一杯の食塩を入れたものです。

これを目安にしておぼえておくとなにかにつけて便利です。

カツレツをおいしく

ふつうカツレツやコロッケを揚げるとき、パン粉をそのままで、使っていらっしゃるようです。

パン粉の中に、少しニンニクをまぜるとか、または唐辛子の粉をちょっと入れるとか、あるいは、おろしチーズをちょっとまぜるとか、します。また、この三つをいっしょにして入れて召し上ると、いままでのカツより、ずっと、味というか、風味がちがってきます。

もちろん、ニンニクは生のを使いますが、粉末になったのでもけっこうです。

うちの料理の中に、〈インピリアル〉というトリのカツレツがあってこれは大変おいしかった、というわけで、外国の新聞にもでたことがありました。

これが、ふつうのカツレツとどこが違うか

というと、いまお話したパン粉、パン粉の中にチーズ、唐辛子粉、ニンニクを入れて、全部まぜ合せ、これをコロモにして揚げたものだったのです。

うちに泊られる外国人が、よろこんで召し上るものの一つだったと思います。カツレツをお揚げになるときのご参考に一つ。

帝国ホテルの村上信夫さんにうかがったお話です。

ジャムミルク

冷たく冷えた牛乳の中に、ジャムをちょっと落して、よくかきまぜて飲みます。

においが消えて、ちょっと甘くて牛乳ぎらいな人もよろこびます。ジャムはいちごがいちばん合います。

ニラの天ぷら

ニラを4、5センチに切って、かための衣をつけ、少しずつまとめて揚げます。

炒めものなどとちがってニオイが気にならず、甘みがでておいしいものです。色もきれいです。

ただし、あまり火が強いと、すぐにこげて、せっかくの色がきたなくなりますから、気をつけて下さい。

冷やすとき

おそうめんや飲みものなどを急いで冷やすとき、細かく砕いた氷と、あらい大きめの氷を、適当にまぜて入れます。

細かい氷がさっと溶けて、あらかた冷やし、あとは大きい氷がぼつぼつ冷やしてくれます。ただ、飲みもののときは、氷の分だけ濃いめにつくっておくことをお忘れなく。

マヨネーズの工夫

既製のマヨネーズも、いつもそのまま使わず、味を工夫してみましょう。生クリームを泡立てて入れて、こってりした味に仕上げるのがシャンテリーですが、牛乳でのばしてもやわらかい味になって、グリンアスパラガスをゆでたのなどにかけるとおいしいものです。

＊

また、白ブドー酒でのばし加減にすると、しまったシャレた味のソースになります。ハムとか、カニの入ったサラダによく合います。

＊

溶き辛子を少々まぜて、酢でのばします。好みで砂糖もちょっと入れます。きゅうり、トマト、レタスに合います。

＊

よくピクルスをきざみこみますが生のきゅうりをきざんで、少し多めに入れます。きゅうりのあおい匂いが、マヨネーズのにおいとよく合って、ステキなマヨネーズになります。フライにかけたり、マカロニを和えたりするとき、感じもかわり、ミドリ色もきれいです。

パセリを

ニンニクやラッキョウを食べたあと、口の臭いが気になるものです。

パセリの葉を食べておくと、不思議とにおいがうすらぎます。

六杯だし

冷やしうどん、冷麦、冷やしそばの季節です。どこのお家でも、その家流のつけ汁が決まっておいでてしょうけれど、いわゆる〈六杯だし〉といわれる、つけ汁をご紹介しましょう。

割合は、みりん1、しょう油1、だし4です。

作り方は、みりんを煮切って、だしを入れて、煮上がったところにしょう油を入れて、また煮立ったら出来上がりです。好みに冷たくします。ただし、だしには少しカツオを多く使って、濃い目のだしにしてください。

この六杯だしは、そのほか、天ぷらのだし、親子丼のだし、玉子どうふの汁などにもおいしくて、とてもいいものです。

＊

そうめんつゆ

そうめんのつゆに、梅干を入れると、すっぱさとタレの味が良く合って、なかなかけっこうなものです。

梅干は、しそで巻いたものを使ってもいいし、そのときは、しそもいっしょにいただきます。

＊

つけ汁に酢をちょっぴり落としただけでも、さっぱりとして、食欲のない暑いときには、おいしく食べられます。

ざるそばのおつゆにも、梅干の身をほぐして入れてみてください。おもったほどすっぱくはなく、そばにもよく合うものです。

冷やしうどんに

冷やしうどんは夏のものです。氷で充分に冷やしたうどんを、上手に作ったつけ汁でいただくのは、ほんとうにおいしいものです。

もっとも、ふつうのキザミねぎだけの薬味では、どうもあきがくるから、薬味をいろいろ取り合せたいものです。

モミノリ、わさび、切りゴマ、すりしょうが、しその実、しその葉のミジン切り、白す干し、キザミみょうが、七味とうがらし、みんなよく合います。

全部でなくても、このなかから、四、五種をえらんでやってみて下さい。

このほか、セン切りのハムやソーセージ、たらこの身をほぐしたものセロリのミジンなども、変っていておいしくなります。

ピーマンを薬味に

夏野菜の中では、とくにビタミン類の多いピーマンは、炒めたり焼いたりするだけでなく、生で食べるように工夫してみました。

＊

ピーマンをセン切りにして、かるく塩でもみ、カレーの薬味として、紅しょうが、らっきょうなどといっしょに添えます。色どりもよく合います。

＊

漬物がわりに、キャベツを塩もみするときに、ピーマンのうす切りを少し入れると、風味がでます。

＊

また冷めたい中華そばにちらしたり、おそばや冷麦の薬味にも。

＊

パンのおかずやつけ合せに、ピーマンの油漬もしゃれたものです。

ピーマンは、うすい輪切り、玉ねぎもうすい輪切り、量はピーマンの三分の一くらいです。これをサラダオイルと酢を同量合せ、塩コショーした中に半日ぐらい漬けると、食べはじめられます。

塩のふりぐあい

レストランや料理店で、食事をするとき、料理に塩をふりたいときがあります。

そんなとき、食卓に出ている塩をいきなりかけないで、ちょっと手の甲にでもふってみて、塩の出ぐあいがどのくらいか、みてからふりましょう。

前に使った人が、上のフタをゆるめてあったため、スープの中に、フタと塩を全部ぶちこんだり、その反対に塩がかたまって出ないのを知らないで、じゅうぶんにふりこんだつもりでも、ひとつも塩がかからなかったりするようなことが、よくあります。

地図を見かえす

ふだん乗りなれない路線のバスとか、タクシーに乗って、知らない道を通ったら、帰ってから、地図を開いて、どの道を通ったかを復習してみます。

こうしていると、だんだんと道をおぼえるようになります。

二つのおしぼり

暑い時にお訪ねした家で、まず熱いお湯で絞ったおしぼりを出され、つぎに冷たいおしぼりが出たことがあります。たいそう気持のよい思いをしました。

早速、家でもマネをしてみましたが、お客さまだけでなく、汗だくで会社から帰る方にも、サービスしてはいかがでしょう。

竹串は

煮ものをするとき、野菜や肉が、もう煮えたかどうかと、竹串をさして様子をみます。

そのとき、たいがい先のとがった細いほうを通してみますが、太いほうをさしてみるのが本当です。細い方は、少々固くてもすーっと通ってしまいますが、太いほうは、やわらかくないと、通りません。

アルミホイルで

ペンキやステインの刷毛は、そのままにしておくと、固くなって使えなくなってしまいます。

すぐつづいて使うときは、いちいち洗わなくても、アルミホイルで刷毛の部分をしっかりと包んでおくと固くなりません。

ひと皮むく

玉ねぎが、少しいるとき、たいていタテに二つに切って、それをさらに二つに切って、その四分の一を使う、というふうにします。

玉ねぎはむけるので、切らずにひと皮むいて、それをきざんで使うと残りはそのまま丸くのこっていて、つぎに使うときも、のこりものを使うような感じがしなくて、いいものです。

揚げビスケット

しけったビスケットは、油で揚げると、カラッとしておいしくなります。日がたって、食べあきてしまった味のものも、揚げて、ちょっと塩でもふると、また新しい味になっていいものです。

冷めたうなぎ

うなぎのカバ焼きの冷めたのは、まずいものです。

手軽に、もとのおいしさにもどすのは、平たいナベに、ほんの少しの日本酒をとって、そこに冷たくなったカバ焼きを入れ、ワッと煮立てるようにすると、味も身もふっくらともどります。別に日本酒のにおいは気になりません。

ひと串で、日本酒の量はだいたい大サジ1杯くらい。

＊

もう一つの方法は、器に水を張って、この中に冷めたうなぎをどっぷりつけます。時間は30秒くらい。これを引き上げたら、タレをつけて、アミの上で焼くのです。

ハムとしょうが

ハムサンドのかわった食べ方を一つご紹介しましょう。

二杯酢につけたしょうがの薄ぎりを二、三枚、ハムといっしょにはさんで食べてみました。しょうがのさわやかさが味をさっぱりさせます。

お椀に

氷あずき、氷宇治、氷白玉、氷いちごは、いつもガラスの器に盛って透きとおった冷たい感じで、いただいていました。

これを、ぬりのお椀に盛ってみました。お椀の黒や赤い色に氷がはえて、いっそう冷たく、おいしそうになりました。

半割りに

スポンジタワシをおろすとき、半分にしてみました。小さいから茶椀やコップなど、かえって洗いやすいし、一つで倍に使えます。

大皿にもる

ハンバーグ、魚のフライ、コロッケ、カツなど、一人前ずつ盛りつけると、一品料理になってしまうものも、全部いっしょに大皿に盛ると、それだけでご馳走、という感じになるものです。

つけ合せのポテトやにんじん、ほうれん草など、端によそいます。こうすると、目先が変わるため、おいしそうにもみえます。

いただくときは、自分の皿にとりわけていただきます。

こうしても、べつに材料が余計にいるわけでもありませんし、きらいなものはそのまま取らなければいいし、お台所の方も、盛りつけの手間がはぶけて大助かりです。

トマトソース

トマトの出盛りに、自家製のトマトソースを作りましょう。

真赤にうれたトマトのヘタをとり熱湯にちょっとつけて皮をむき、ミジンにきざみます。

トマト3百グラムにつき、オリーブ油大サジ2杯をフライパンにとって、ニンニク2片を、あらいミジン切りにしてからよく炒め、小麦粉茶サジ1杯を入れて、ちょっと炒めます。

そこへ刻んだトマトを入れて、一時間くらいとろとろ煮こみ、裏ごしで漉し、塩とコショー、しょう油少しで、うす味をつけます。

かたいアワビ

せっかく、大枚をはたいて買ったアワビがかたくて困ったら、できるだけ薄く切って、塩をパラパラとふって、ヒタヒタぐらいのお酒で、いるように煮ます。

ちぢみかけたらハシで上げます。こうやると、さすがのアワビも柔らかく、なかなかおいしく、その上、量もふえたような感じになります。

青じそスパ

青じその葉を、ほそく、ほそく糸のように切ります。スパゲチをたっぷりのバタでいため、その熱い熱いところに、この青じそをかけて、いただきます。

青じその香りとバタの味がよく合って、本

場イタリーのスパゲチ料理バジリコ風で、なかなかおいしいものです。

イタリーふうに

イタリーふうのサラダは、チーズをこまかくきざんで入れます。

暑いとつい、キュウリ、トマト、レタスなどのサラダだけですまそうということになります。

この中にイタリーふうをマネて、チーズをサイの目に切って、まぜ合せます。味はもちろん、栄養の点からも、わるくありません。

即席あたりゴマ

ゴマ和えのゴマをつくるのに、すり鉢を使うかと思うと、それだけでついおっくうにな

りがちです。

煎ったゴマを紙の上にひろげて、牛乳ビンかなにかをころがしながらゴリゴリ、ゴマを押しつぶします。これだけで即席のあたりゴマができあがります。

もちろん、丹念にすったのとくらべると、みた目は劣りますが、けっこう香ばしく、風味は変りません。

あとで、すり鉢を洗う、やっかいな手間もはぶけますし、お昼など、手をかけたくないときにどうぞ。

のこった福神漬

少しのこった福神漬は、たくあんを細かく切ってまぜてしまいます。

たくあんの塩っけが、福神漬の甘さをほどよくおさえて、さっぱりした漬ものになります。

黒ゴマを煎る

黒ゴマは煎りかげんが見えにくくうっかりすると焦げてしまいます。

ほんの四、五粒ほどの白ゴマをいっしょに入れて、その色の変り方を見ながら煎ると、失敗しません。白ゴマがキツネ色に変ってきたら、だいたい煎れています。

塩コショー

肉や魚を料理するとき、塩コショーを必ずします。

ふつうは表側にまず、塩コショーをふり、ひっくり返して、裏側にしますが、まず、皿なりマナ板に、塩コショーをふりかけておいてから、その上に肉なり、魚をならべ、塩コショーをふりかけると、ひと手間はぶけます。

ねぎとニシン

あまりしぶくない、上等な身欠きニシンが手に入ったときに、おためしください。

ニシンは皮をむき、2センチほどのブツ切り。ねぎも生のまま、おなじぐらいにブツブツに切って、小鉢に盛り、生ミソを少し添えます。

要するに、ニシンとねぎにミソをつけてかじるわけですが、あったかいごはんにも合うし、お酒の肴にもよろこばれます。

即席ピクルス

売っているピクルスにまけない、即席ピクルスの作り方をご紹介しましょう。

きゅうりは細めのを四、五本用意し、両端を落とし、たっぷりの塩をふり、マナ板の上にならべます。手のひらでころがしながら、しんなりするくらいまでじゅうぶんに板ずりします。

そのまま、三十分ほどおきます。

中華ナベかフライパンに酢をカップ1杯半ほどとって、強火でワッと煮立てます。きゅうりを二つぐらいに切って、ここに入れ、強火のままころがしていきます。酢がなくなるくらいになったら、だいたいでき上りです。

火を細めにして、酢をもう一ぺんカップ$\frac{1}{2}$杯と、塩二つまみほど全体にふり入れ、塩がとけたら火をとめ、これを平たいお皿か、流し箱に汁ごと移します。

あればとうがらし粉でもふって、冷めるまで、そのままにしておきます。これでいただけます。あとは、冷蔵庫にでも入れて、冷やしておきます。

テーブルクロス

小さな子どもがいると、テーブルクロスをかけたいと思っても、裾をひっぱって、いたずらされるし、ときには、とても危険なものです。

そこで、テーブルクロスの裾下りの部分をおもい切って短かく、10センチくらいにして、テーブルの裏側に画鋲でとめてみました。

裾がヒラヒラしないので、子どもにいたずらされないばかりか、狭いダイニングがすっきりしました。

夏のおしゃれ

もう自分では見あきたネックレスでも、種類、色あいの違ったものをふたすじ、かけてみると、案外新鮮な感じになります。

鏡にむかって、手持ちのネックレスの中から、似合うのをさがしてみましょう。白のビーズと、赤、緑、青などのビーズや、自然石をつらねたものなど、白と合せると、無難なようです。

また、光るものと、光らないものの組合せ、長いものと短かいものとの組合せも、小イキなものです。

短いズボン

裾がすりきれたパンタロンは、思い切って膝下10センチぐらいで切って、まつるかステッチをかけます。

お掃除や洗濯、水まきをするときスカートより活動的ですし、ズボンほど裾が気になりません。動きやすくて便利です。このまま、近くに買物にもいかれます。

超ミニ

日曜大工のときあまった、小さな板きれをもらって、台所においておきます。ちょっとレモンやトマトを一つ切りたいというときなど、重宝です。

形は四角でも円でも材料次第、10センチくらいの大きさでも、けっこう役に立ちます。

タオルケットを

色のいいタオルケットがあったら一枚にひろげて、カバーのかわりにソファにスッポリかけると、涼しげです。

夏の間は、ソファは汚れやすいものですが、タオルケットなら、ひんぱんに洗えるし、アイロンかけもいりません。なるべく厚地のもののほうが、きっちりとかけられます。

脱水を短かく

からっと晴れ上った日には、洗たくものの脱水時間を、いつもよりおもいきって短かくしてみませんか。

脱水時間が短かければ、それだけシワも少ないので、干すときに楽ですし、乾き上ってから、気持のよいものです。

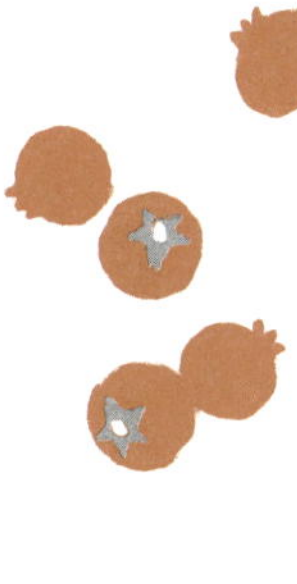

乾あんず

乾あんずを買ってきたとき、そのまま食べるのもいいのですが、しばらく砂糖水の中にひたしてみてください。

水をふくんでふっくらしたあんずも、食べやすくて、おいしいものです。

このとき、ぜいたくですが、砂糖水の中に、ぶどう酒か、ブランデーを垂らしておくと、いっそういいものです。

残ったケーキ

いただき物のケーキは、食べきれなくて、残ってしまうことがあります。

二、三日後に食べるのでしたら、冷凍庫に入れておきます。食べる一時間ぐらい前に出しておけば、ちょうど食べごろです。

ネギトースト

カリッと焼き上げたパンに、きざみネギを薬味がわりにのせます。上からウースターソースか、とんかつソースをちょっと垂らします。パンの香ばしさとネギの香りが意外によく合って、ついよけいにいただいてしまうくらいです。薬味のきざみネギが余ったときなどに、ちょっとおためし下さい。

氷にも味を

せっかくのアイスコーヒーが、氷が溶けて、すっかりうすくなってしまったり、ジュースが水みたいになったりで、氷を入れる飲みものは、これがいやです。

そこで、コーヒーや牛乳、ジュースを冷蔵庫で凍らせて、コーヒーキューブや牛乳キューブを作っておきます。

そして、たとえばジュースを入れたコップにジュース氷を入れて冷たくするわけです。こうすれば、いくらとけても水っぽくならないし、氷が残れば、そのままおいしくいただけます。

コーヒーに牛乳氷を入れたり、牛乳にコーヒー氷を入れたりしてもいいものです。

揚げなおす

買ってきたさつま揚を、そのまま食べないで、いただく前に油で揚げなおして食べてみました。

熱いうちに、ショウガじょう油でいただきます。低めの温度で揚げると、なかまでフックラと揚がって、作りたてのようなおいしさです。

から揚げ

トリや魚をから揚げにするときには、下味をつけたら、揚げる直前まで冷蔵庫に入れて、つめたくしておくと、カラッと、おいしく揚がります。

ぬらさないで

仕事をしていると、ついぬれた手をエプロンでふくので、下の洋服まですぐぬれてしまいます。

エプロンの右前に、ウエストにそって、10センチのベルトをぬいつけます。ここに、薄手のタオルを二つに折ってかけ、これで手をふくようにすると、洋服までぬらすこともなくなります。ナベつかみの役もしますから、とても便利です。

ミリンを

冷奴のつけじょう油に、ミリンを少し垂らしてみてください。ちょっぴりトロリとした味になって、またいいものです。

脂をとるとき

ステーキを焼くとき、脂身は、大きいまま入れないで、細かく切って入れます。

かたまりのまま入れるのより、早く溶けて、脂の量もたっぷりと取れます。

白味を泡立てる

玉子の白味を泡立てるとき、レモンの汁か酢をほんの少し加えると、よく泡立ちます。

また、泡立て器やボールに、油気や水気が少しでも残っていると、泡立ちがわるいので、洗剤でよく洗って、きれいにふいてからつかうことです。

きゅうりもみ

きゅうりもみにシソの葉を細く切って入れ、しょうがを少々しぼります。においもよく、さっぱりといただけます。

トリの味噌漬

トリの手羽肉かもも肉に味噌をぬって、一時間ぐらいおきます。

厚手のフライパンに油を少し多めにとって、これを焼き、適当に庖丁を入れて食べます。

ごはんのおかずに、ソテーよりずっとおいしいと好評です。

化粧水を冷たく

暑いときに、化粧水を冷蔵庫に入れて冷たくしておいて使うと、ほんとうに気持よく、いいものです。

とくに、湯上りの暑くてやりきれないときなどには、冷たくていい気持ですし、ヒフの毛孔をひきしめてくれるので、氷を使ったりするより便利です。

包み紙

たたんでしまってある包み紙は、いざ使おうと思うときに、いちいち拡げてみなくては、大きさがわかりません。拡げてみては、これは大きすぎる、これは小さすぎると、えらんでいると時間もかかるし、包み紙のおき場所は、つい乱雑になってしまうものです。

包み紙をしまっておくとき、よくやるようにたたんでしまわず、紙の大きさによって、三つか四つに分けて、それをくるくると巻いておきます。包み紙の形は、大体きまっていますから、巻いてある紙の丈をみれば、大きさもすぐ見当がつくというわけです。丈の長いの、中くらいの短かいのと、三本ならべて立てておけば、使いたい大きさの紙がすぐ出せるのです。

それに、包んであったときのシワもきれい

にのびて、新しい紙のようにピンとなっていて、気持よく使うことができます。

大きい氷

製氷皿で作った四角い小さい氷ではどうもひとつ、というときがあります。冷やむぎに浮かせる氷なんか大きなぶっかきの方が、ぐっとイカします。

苺の入っていた深いポリケース、あれで氷をつくります。凍るのにちょっと時間はかかりますが、ぶっかきが、たのしめます。

バラの花を

バラの切り花を、美しい姿のままでもたせるには、花ビンの中の水を冷たくしておくことです。ずっと、もちがちがいます。

お客さまがあるとかして、どうしても、半開きか、七分咲きで、あと一日くらいはもたせたいというときには、花ビンのなかに、氷を一つかみほど入れて、水のぬるむのを防ぐと、じゅうぶんもちます。ただし、油断していると、水がとけて、水がぬるくなったら、すぐに開いてしまいます。

むぎ茶の香り

むぎ茶を香りよく作るには、麦をたっぷり使って、煮すぎないことです。口のひろいナベに湯を煮立て、麦が表面いっぱいに浮かぶくらい入れます。

もう一度、煮上ってきたら火をとめ、そのまま、自然に冷やします。にごらなくて、香りのよいむぎ茶ができます。

足にも

夜ねる前に、化粧水や栄養クリームを顔や首にぬったあと、足にもすり込みます。とくに、指や足の裏につけてマッサージします。

こんなオシャレは目立ちませんが気持がよくて、一日の疲れも足から消えてゆくようです。

パリパリ

なににょらず、たいていのものは出来たてがおいしいものです。

売っているポテトチップスなど、なにかひとつ油がもどったような口当りです。

じゃがいもをごくうすく切って、ときどき水をかえながら、一時間ほど水につけます。水気を切って、サラダオイルを熱くして、一枚一枚ていねいに揚げてゆきます。揚がったら熱いうちに塩をふります。

揚げたては、ほんとうに軽く、こんなに味がちがうものかとおもいます。こうやってお盆の上に和紙でも敷いて盛ると、ポテトチップスも一段と格が上ります。

ちょっとしたこと

あわただしく、夕食の仕度をしているときなど、料理の味つけに使った計量スプーンや、味見につかった小皿など、いちいち洗うのも手間なものです。

こんなとき、小さいボールか小鉢に水を入れて、はたにおき、塩をすくったらちょっと、このボールの中ですすいで、つぎはおしょう油をすくう、味をみたら、ちょっと小皿をすすぐ、といったぐあいに使うと、ずっと能率的です。

牛肉にきざみねぎ

薄切りの牛肉を、炒めて、塩やしょうゆ油で食べるときに、日本ねぎを、おそばの薬味ぐらいに、うすくきざみ、これをたっぷりかけて、いただきます。

生ねぎのにおいと味が、牛肉とあって、すっかり日本的味になって、いいものです。

モロタス

夏はサラダが好評ですが、マヨネーズや酢油ソースもちょっとあきたというときに、「モロキュウ」ふうに、生野菜にモロミをつけたらいかがでしょう。

ザクザク切った冷めたいレタスにモロミをつけていただくなんて、わるくありません。

中身をひやす

夏には、よくゼリー寄せをつくります。

この中に入れる材料のトリとかエビ、アスパラガス、くだものなどは小さく切ったら、冷蔵庫に入れてじゅうぶんに冷めたくしておくと、早くかたまります。

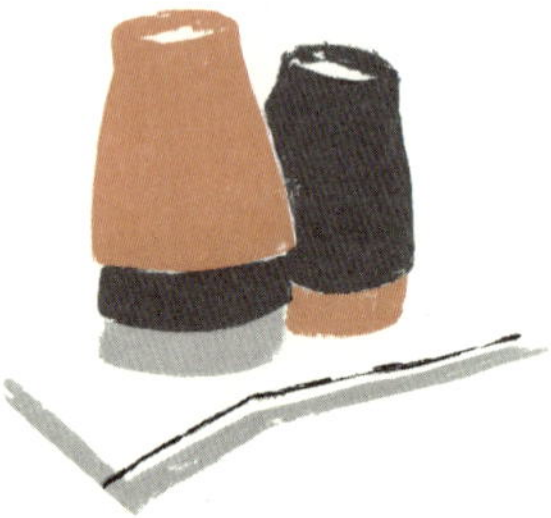

ハムとおろし

さっぱりしたものが食べたいときのメニュウです。サンマと大根おろしの要領で、ハムに大根おろしをたっぷり添えて食べます。

ハムのあまみと、大根のピリッとした辛さと、しょう油味があって、おいしいものです。

塩でもむ

玉ネギをミジンに切って、塩を全体にふってしばらくおき、これをフキンに包んで、よくよくもんで水洗いします。またもんで、もう一度水洗いをすると、すっかりネギの刺激がとれて、なんとも、おいしくなります。

これを、ゆでたさやいんげんにまぜ、しょう油をかけ、レモンをしぼると、なかなかしゃれた一皿になります。

また、きゅうりを薄切りにして、塩もみし、このミジン玉ネギといっしょにして、しょう油をかけてもよし、かつおぶしとしょう油の一皿も夏にはおすすめしたいものです。

わさび漬の使い方

どこかのお土産に、わさび漬をよくいただきますが、半分もいただくうちには、あの風味がなくなったり暑いころは、傷んでしまうことがあります。

いただいたら、すぐに半分ほどをしょう油でのばして、調味料として使います。

焼いたはんぺんやかまぼこにかけたり、ちくわを薄切りにして、熱湯をかけてから、これで和えたりします。お酒のさかなにも、上等です。

イカの皮をむいてから、サッと熱湯をくぐ

らせて、水に放してから、センに切って、このわさびじょう油で和えると、気の利いたおかずになります。

きゅうり、大根、にんじんなどを薄切りにして、軽く塩もみして、しんなりさせて、これで和えると、和風サラダになります。

夏、焼きナスをさいたり、さやいんげんをゆでたりして、このわさびじょう油で和えるのも、お惣菜にもお酒のサカナにも、なかなかです。

夕立のシャワー

ザーッと夕立がきたら、いつも部屋の中においで、緑をたのしんでいる植木鉢を外にだして、雨にうたせてやりましょう。

葉の上についていたホコリが洗われて、植木も生き返るように、元気になります。

風呂場のクズ入れ

風呂場の中に、ビニール製の、少しぐらいぬれてもいい、小さいクズカゴを入れておきましょう。

風呂にはハダカで入るのですから紙クズなど出ないと思っていましたが、シャンプーの包み紙やカラ、石けんの包み紙、ヌケ毛、折れたピンなど、けっこうごみが出るのでこのクズカゴ、案外に利用価値があるのです。

涼しいところで

夏の間だけ、食卓を、家じゅうでいちばん風通しのよい、涼しいところに移しましょう。少しくらい台所から遠くなっても、そのくらいのサービスはしてあげましょう。できるだけ気持よく過せるように。

太陽を

洗たくのあと、アイロンをかけたら、木綿ものは、そのましまってしまわないで、ハンガーにでもかけて、一度外に出して、10分ほど太陽にあてます。

夏のあつい日差しが、布に残っている水分を発散させて、見違えるほど、パリッと仕上って、気持のよいものです。

ゾウキンとビニール

子どもはハダシになったりで、アシのウラがまっ黒です。そのまま家の中に上られたのではたまりません。そこで、たいてい廊下やゲンカンの上り口に、足ふきのぬれゾウキンをおきます。

このとき、ビニールの袋を切ってひろげておき、その上にぬれたゾウキンをおきますと、廊下にぬれたゾウキンのヘンなシミもでず、安心して、ゾウキンがおけます。

瀬戸物の包みかた

引越しのときとか、どこかへ瀬戸物を運ぶとき、また、ふだん使わないとき重ねてしまっておくのに、どんな紙で、どんな包みかたをしていらっしゃいますか。

あまりていねいに包んだものは、かえって割れやすいということをご存じですか。

新聞紙二枚か三枚で、あらく無雑作に包んだのが、一番安全です。あらく折りまげたり、包んだりすると紙のカドがいくつもできます。このカドがちょうどよく、瀬戸物と瀬戸物のあいだに適当な空間を作って、衝撃を少なくしてくれるわけです。

よく上質のやわらかい紙で包んであったりしますが、あれはその意味で、かえってあぶないのです。これは瀬戸物を扱う専門の方から聞きました。

らっきょうを

カレーライスの薬味には、らっきょうは欠かせないものですが、肉料理のときに、二つ、三つ、つけてみますと、口がさっぱりして、とてもおいしいものでした。

そういえば、らっきょうは和風ピクルスです。

ミニ・コロッケ

おべんとうにコロッケを持っていこうと思ったときは、一口か二口に食べられるくらいの、小さなのを揚げておきましょう。

おいしいし、ソースなんかもよくしみて、おべんとうの単調さを、すくってくれます。

酢みそ

酢みそを、作りおきして冷蔵庫に入れておくと、和え物に、あらいにコンニャクに、生野菜にすぐ使えて大へん重宝します。

カラシは、そのときはまぜておかないで、使うたびにまぜます。

塩枝豆

枝豆はビール党ならずとも、おいしいものですが、いつもゆでて塩をふるだけでは能がありません。

ちょっと目先の変った食べ方をご紹介しましょう。

まず、枝豆をさっと色よくゆでます。ボールに濃い塩水をつくり、ここにゆでた枝豆を入れて、フタを落とし、重石をのせます。二、三日たつと、中まで味がしみて、即席豆漬の出来上りです。北海道あたりでは、秋に大きな樽にいくつも漬けておき、春まで食べます。

　大きな丼に山に盛ってだしても、たちまち売り切れてしまうこと、うけあいです。

変りちらし

　ちらしずしは、どなたにも喜ばれますが、若い人には、何か、も一つ物足りない気もします。

　ちらしを作るときに、とりそぼろをいっしょに作って、子どもや若い人にはこれをまぜるなり、上からたっぷりかけてやると、ちらしの味も変らず、おいしく食べられます。

まずいメロンは

せっかく切ったメロンが、どうもおいしくないというとき、粉砂糖を茶コシにでも入れて、まんべんなくふりかけます。

ちょっとおくと、砂糖がとけて中までしみこみ、味がよくなります。

冷めたい目覚し

インドのボンベイでは、ボーイが朝、起こしにくるとき、冷めたいお茶を持ってくるそうです。

暑いところだけに、眠くてどうしようもないそうですが、冷めたいお茶をグーッとのむと、不思議に目が覚めるとか。

朝寝坊のご主人に手を焼いていらっしゃる方、今年の夏は、この手でいかがでしょう。

つまさき立ち

ながいこと立って仕事をしたりして、足がつかれたとき、しばらく、つまさき立ちをして歩くと、だるいのがだいぶちがいます。

また、階段を上り降りするとき、つまさきに力を入れて歩くと、ドタバタ大きな音がしないし、動作がスマートです。

煮干しの酢漬け

あのダシをとる煮干しを、から揚げにして、ジュッというほどの熱いうちに、二杯酢につけます。これだけで、とにかく簡単なものですが、案外おいしいと好評です。一度お試し下さいませ。

煮干しはあまり大きいのより、中くらいのがいいようです。

口を大事に

きゅうすやどびんは、つぎ口をかくことが多いものです。

お茶がらを捨てるとき、つぎ口が手首の方にむくように持ちかえ、底をもってゆすぐクセをつけます。

こうすると、つぎ口の先が蛇口に当ったりして、かく心配がありません。これは瀬戸物屋さんに教えてもらったのです。

カーテンの工夫

カーテンも、いつも同じものでは変りばえがしませんが、そうかといって、季節ごとにカーテンを変えてみたいと思っても、とても、そこまで経済がゆるしません。

カーテンのタイバック（ベルト）は、たいていカーテンと共布で作ってありますが、このタイバックだけを、カーテンの色と配色のいい別布で、こしらえてみました。カーテンがうすい黄いがかった茶色でしたので、タイバックは、こげ茶にしたわけです。

部屋の中の雰囲気が変りました。

クロスのシミ

テーブルクロスに、しょう油や、ソースやおつゆなどを落して、シミができたら、食事が終ったらすぐに、その汚れの下にしめったタオルを敷きます。

上からぬれたタオルで、たたくようにすると、汚れがとれて、あとで汚らしい感じがしないですみます。

朝食は

暑くて、なにか食欲のない朝にはおにぎりの朝食はいかがでしょう。

好みの漬ものをとりどりに取り合せてたっぷり用意し、玉子焼くらいのおかずにして、みそ汁だけは、熱くします。

おにぎりは前の晩に、にぎっておくと、朝から火をつかうことも少なくて、仕度も楽にできます。

*

お寝坊のご主人には、ひと口に入るくらいに、小さめに作ってあげます。にぎりずしぐらいの大きさににぎって、佃煮や漬ものをちょっとのせ、ノリで巻きます。

花も涼しく

暑いときは、半日も部屋を閉めきっておくと、まるで蒸し風呂のようになってしまいます。

これでは、いくら花ビンの水をかえても、花はすぐダメになります。

出かけるときや、夜ねるときなどは、花ビンを、なるべく風通しのよい流しや、縁側などにだしておきましょう。花のモチがぐんとよくなるものです。

一間きりの場合でも、用心のいい窓をほんの少し開けて、そのそばにおくようにすれば、かなりちがいます。

紙の袋

野菜を冷蔵庫にしまうとき、そのまま、ビニール袋に入れてしまうことが多いのですが、野菜は新聞紙につつむか、紙の袋に入れてから、ビニール袋に入れたほうが、ずっと野菜が生き生きしています。

なんでもビン

洋服のボタンがとれた、ハンドバッグの口金の頭がとれた、ライターや電気器具のネジがとれたなどというとき、それをたいてい、そのまま大事にしまいます。さあ直そうとしても、そのときは、どこへ入れたか忘れてしまって、わからないということになってしまいます。

そこで、インスタントコーヒーのような、透き通った広口びんを一つこういうこわれたもの入れに決めました。なんでもここへ、そういうものは全部入れて、目のつくところにおいておきます。

若いミセスに

お料理を作りなれないうちは、味つけで失敗しがちです。

お味をみるときに、指先でチョッとお味をきいてみるようなことをしないで、食卓で一口に食べる分量、つまりテーブルスプーン一杯ぐらいを、一口に試してみますと、味がよくわかるものです。

メガネもお風呂

メガネは一年、三百六十五日かけっぱなしですから、とても汚れがつきます。特に暑いときはひどいようです。

お風呂に入ったとき、たまには一緒に持って入って、ヌルマ湯に化粧石けんをとかし、ガーゼのようなやわらかいもので、ていねいに洗います。熱いお湯とゴワゴワしたタオルでこすってはいけません。

たしかめてから

旅先きで、ホテルなどに着くと、ボーイさんがよってきて、荷物はこびに手をかしてくれますが、その人がたしかにホテルの従業員だとわかるまでは、カバンなどは渡してはいけません。

ホテルにはたくさんの人が出入りしていますから、思わぬ失敗をすることがあります。

一輪ざし

化学の実験で使う、百ccの小さな三角フラスコに、花を一輪さしてみたら、なかなかシャレたものになりました。形も安定しています。

髪をとく

病気で長く寝ている人の髪をといてあげるときは、毛先の方から少しずつといて、だんだん上の方へと、とかすようにしていきます。この方が、いきなり上から下へととかすより、痛くありません。

あと、消毒用アルコールを、お湯で倍にうすめて、ふいてあげます。

パンを切るとき

フランスパンやイギリスパンは、食べるときにいるだけ切りますが、庖丁が切れないと、ボソボソになってしまいます。

庖丁を火で熱くして切ると、くっつかなくて、うそのようにスーッと切れます。

キュウリおろし

夏は大根が辛かったり、スカスカだったりで、せっかくのおいしい干物に添えるのに、残念な思いをします。

キュウリのほうが、ずっとみずみずしくおいしいので、おろしは、キュウリにしたらどうでしょう。

味は、酢じょう油など、好みでつけます。

茄子ひたし

茄子のおひたしはいかがでしょう。

タテに半分にわって、背に斜めに庖丁を入れ、ゆでたあと、冷たく冷やします。これを辛子じょう油でいただきます。

フレンチナス

おナスの料理は、夏のたのしみの一つですね。油炒めに、煮つけ、焼いておみそをつけるしぎ焼き、焼きなす。西洋ふうにすれば、ひき肉のはさみ揚げなどです。

あのまま、おナスを丸焼きにして皮をむき、食べよくタテにさいて、冷やし、これを酢の勝ったフレンチドレッシングでいただきます。フレンチドレッシングには、玉ねぎのミジン切りを多めに入れます。

フランスにいる友だちが教えてくれました。おナスのいいときには、サラダといえば、こればかり作りたくなってしまいます。

シロップ

スープのストックのように、いつも用意しておくと、とても便利なシロップを一つ。

水と同量の砂糖をナベに入れて、さっと火にかけ、砂糖の溶けたところで火からおろし、冷ましておきます。これをびんにでもとって、冷蔵庫のすみに入れておきます。

いろんな果物を小さく切り、このシロップの中に少し漬けておいて、シロップをたっぷりかけて、いただきます。

あんず、プラムなど干した果物をひと晩このなかに漬けてやわらかくし、そのまま、さっと煮てもおいしいもの。

せっかくの西瓜がまずいときや、夏みかんがすっぱすぎたり、バナナがまずかったり、桃がやっぱりスッパイ、そんなとき、このシロップをたっぷりかけます。

あるいは、ホットケーキに、スカスカになったカステラに、なかなか利用範囲のひろいものです。

簡単にできて、くだもののカン詰の中の汁とちがって、あっさりした飽きのこないところがミソ。

フライパンで

ゼリーやプリンを作るとき、水につけてかためます。そのとき、流し箱や洗い桶などをつかいますが、大きすぎたり、深すぎたり、ゼリー型が浮き上ったりで、案外うまくいきません。

便利なのがフライパンです。底が平らで適当に浅く、まわりが開いているので、氷水も少しですみます。

果物入り

クリーム分の少ない、安いアイスクリームほどいいのです。

ちょっとやわらかくしてから、みかんでもパイナップルでも、バナナでも、こまかくきざんで、まぜこんで、もう一度フリーザーでかためます。シャーベットとのあいのこのような、さわやかなアイスクリームができます。

食事のあとのデザートに、いいものです。

秋の章

ゴマたくあん

突然のお客さまで、まず一杯というときに、お酒の肴が全然ないことがあるものです。なにか考えるまでのつなぎに、こんなのはいかが。たくあんをできるだけ薄く輪切りにし、それを今度は、糸のようにほそく切り、ぎゅっとしぼって、よく煎った白胡麻とまぜ、日本酒をすこしふりこみます。

これだけのことですが、なかなかオツなものので、お酒の肴にだけでなく、のり巻きや、おにぎりのシンにしてもけっこうです。

細切りイカ

イカは、よくしょう油をつけて松笠のような形に焼いていただきますが、これはおいしいけれど、歯の悪い人にはいただけません。

そこでしょう油をつけて、つけ焼きしたら、はしから2、3ミリの厚さの薄切りにします。これだけでもずっと口当りもちがって、食べやすくなります。

べつにゆずの皮やスダチの皮をすりおろして、これにまぜると、冷凍イカでも、もう立派なお客さまに出せる一皿になります。

きれいに注ぐ

ブドー酒やウイスキーなどをコップに注ぐとき、はじめビンの口をグラスにつけて注ぎます。そのあとグラスの端をしごくようにして、一呼吸おいてからビンを上げると、きれいに注げます。

お酒にかぎらず、しょう油やアブラを注ぐときも、こうしますと、きたならしくこぼしたり、垂らさずに注げます。

少しずつ

果物をお土産にしたのですが、どれか一種類だけにしないで、柿、みかん、ぶどう、りんごなど、お店に並んでいるものをみんな、一つか二つずつ選んでおもちしました。

いろんな果物が食べられて、たいへん喜ばれました。

一日おくと

ナベでゴトゴト煮たおかずは、いいものですが、ついおっくうで、フライパンでジャアジャアということになってしまいます。

煮ものは、思いついたときに作って、食べるのは次の日、というふうにすると、そんなに苦にならずに出来ますし、味もしみて、おいしくなります。

しょう油パン

むかしふうの食べ方です。

食パンをこんがりと焼いて、砂糖じょう油をつけてみて下さい。ジャムやバタとはまたちがった、ちょっとおせんべいみたいな味がするのです。

焼いてないパンだと、おしょう油がしみ込みすぎてからくなりますが焼いてあるのでしみ込まず、その点がおいしいのです。

ときには

ほうれん草のおひたしというと、かつおぶしにおしょう油、ときめているようです。

ときには、酢じょう油とか、辛子じょう油をかけると、味もさっぱりとして、おいしいものです。

即席シュークルート

生とも、漬物ともちがうキャベツの食べ方を一つ。

キャベツをこまかくセン切りにして、塩でもむのですが、塩をする前に酢をちょっとたらします。一日ぐらいおきますと、ただの塩もみとも違った、いい味です。

そのままで肉料理のつけ合せに、しょう油をかければ漬物に、ドレッシングで和えれば、サラダにというところです。

うす焼き玉子

うす焼き玉子を作るとき、片栗粉をほんのちょっと入れて、よくまぜ合せます。

こうしてから焼きますと、薄くのばしても破れず、きれいに焼き上ります。

カラメルソース

肉の煮こみや、スープに色をつけたり、プリンのソースに使うカラメルソースは、その都度作るのはめんどうなものです。作りおきしておきましょう。

冷蔵庫に入れておくとかたまりますから、パチンと割るなり、ちょっと温めて、必要なだけ使えばいいのです。

バタ焼きに油

バタ焼きはおいしいけれど、こげつきやすいものです。

フライパンを火にかけたら、すぐバタを入れず、まず一度使った天ぷら油をちょっとおとして、ナベ全体になじむようにふきこみます。バタはそれから入れるのです。

こうすると、バタを入れたとたんジューッと煙があがってこげつくなんてこともないし、ナベの上によくのびて、きれいに焼けます。

カラスミのような

しゃれたお酒の肴に、食のすすまぬ朝のごはんに、とてもおいしく、みたところカラスミかチーズのようなものです。

玉子の黄味とおミソが材料です。おミソにしょう油をたらし、少しベトベトになるくらいにしてかきまぜます。

小さな流し箱かお弁当箱ぐらいの深いものに、このミソを3、4センチくらいの深さに平らにしきつめます。その上にガーゼをしき、2センチぐらいの間隔に、玉子でへこまして、この穴に玉子の黄味だけを、こわさないようにそおっと落します。その上にまたガーゼをしいて、そっと、うすくミソをのせます。

一晩そのままにしておきます。すると黄味の水気がなくなり、しょう油とミソの香りと味が、黄味の中にしみこむのです。夕方いただくのだったら、朝のうちに用意します。こわさないように、小皿にとり出します。

このままお酒の肴に、炊きたてのごはんの上に、一つのっけていただくおいしさ。きゅうりのセン切りと小鉢に盛り合せてもいいし、三つ葉、さらしねぎなどとも合います。

手を洗う

ハンドバッグの中に小さい容器に入れたハンドクリームをいつも入れておきましょう。外出先や訪問先で手を洗わせてもらったとき、洗いっぱなしでなく、ハンドクリームをつけておくと、いつも気持ちのよい手でいられます。

ろうそくの灯

ろうそくの灯は、口でフーッとふいたり、手であおいだりして消しますが、スプーンで、シンのところに水をほんの少したらすと、ジーッと音をたて、二、三秒のうちにフッと消えます。見ておおげさでないからその場の気分をこわさないですみます。

さげ袋で整理

買いものをしたときなどにもらう紙やビニールのさげ袋を、さしあたって使わないタオルケットやひざかけ、毛布などの入れものにしています。

一枚、一枚、入れたら口をちょっととめ、マジックインキで中の品名を書いておきます。さげ袋なので持ち運びは至って簡単、棚の上に立てておけるのも便利なことです。

一枚を二枚に

ざぶとんを作るとき、表の布とウラの布を、ちがった色や柄で作ってみましょう。

日によって、部屋の色どりが変えられるし、気分も変ります。残り布や、バーゲンセールの端布など利用できます。

ハンドバッグの脇

電車で運よく坐れて、あちこち眺めていると、よく目につくのが、ホコリのたまったハンドバッグのよこのマチです。

どうしてもヒダやシワのあるところですが、気をつけて毎日拭かなくてはと思います。

バッグを倒してヒザにのせると目立つのが、底の汚れです。下げている本人は案外気にならないところなのですが、表面をふくとき、いっしょに拭くようにします。

ネックレスの糸

ネックレスの糸が切れて、あたり一面にばらばらにこぼれて、あわてて拾い集めてみたものの数がたりません。なんとも情けなく、憎らしいものです。

そんなとき、こんな更生方法はどうでしょうか。タマの数をこれまでの三分の一くらいにへらして、その間をくさりでつないでネックレスを作るのです。感じも変るし、うまくすると二つか三つできようというものです。

アクセサリー屋さんに加工してもらいますが、器用な人ならご自分でもできます。

夏も終わって

夏も終わってみると、家族の多いところでは、いろんな意味で、夏休みの総決算というようなことをなさると思うのですが、その中で、

・こどもを夏季施設に出した
・家族で避暑に行った
・だれかが旅行した

というようなことがあったら、そのときの持ちもの、服装、費用などのメモを、忘れな

いうちにつけておいたらどうでしょうか。

必要だったもの、いらなかったもの、おいしかったもの、予期しなかった出費など、また出かけるときにどんなに役に立つかしれません。

持ちものの一覧表だけでも作っておくとか、夏に限らず、ご主人の主張、家族の入院などのときも同様にしておくと、とっさの場合に、まごつかずにすみます。

納豆にあきたら

熱いごはんに納豆は、毎日食べてもおいしいものです。

たまには目先を変えて、からしを入れずに、紅しょうがのミジン切りや、塩漬けのしその実などを入れますと、ちがった風味でよろこばれます。

なめみそ

即席の「なめみそ」を一つ。

生のわさびを使ったあと、葉や先が残ってしまいますが、もったいないので、利用法を考えました。

両方をこまかくきざんで、おみそで和えます。捨ててしまうところを利用したとは思えない風味です。

野菜の傷み

残ったり、多めに買いこんだ野菜などしまっておくとき、少しでも傷んだり、早く悪くなりそうなところがあったら、かならず切り取っておきます。葉ものだったら、色の変った葉をとるとかします。

でないと、そこから傷みが早く進みます。

くずしどうふ

おみそ汁の、おいしい頃になってきました。
おとうふのみそ汁となると、たいてい角に切りますが、フキンで軽く水気をしぼってくずし、そこへ玉子を一丁につき、一つか二つといて入れ、仕上ったみそ汁に入れ、ふき上ったら火をとめます。

おとうふの姿もかわり、玉子のうまみもあって、ちょっとしたみそ汁になります。

カスカスのセロリ

さわやかな香りのセロリも、水気がぬけてカスカスでまずいときがあります。

そんなとき、うすくそぎ切りにして、サッとゆでてから、ドレッシングで和えると、けっこうおいしく食べられます。

いなり巻き

おいなりさんをつくるとき、皮の油揚げが、上手にひらかないで破れてしまうことが、よくあります。

こんなときは、逆に、その揚げを芯にしてのり巻きを作り、いっしょに盛り合せます。

目先きがかわっていいものですし香ばしく煎った白ゴマをたっぷりふって巻くと、味もなかなかです。

すり鉢をひとりで

ひとりですり鉢をするのは、とかくすべって力が入らず、なかなかの難事業です。

調理台や、食器戸棚の引き出しをすり鉢の入るだけあけて、ここにすっぽり入れて、手前は引き出しがぬけてこないように、おなかでささえます。

こうすると、ウソのように楽にすれて、すり鉢の底に吸盤をつけたらなどと工夫したのが、馬鹿らしいくらいです。

＊

適当な引き出しがないときは、部屋のどこか、すみになったところの床に、すり鉢を置いて、膝でグッと壁に押しつけてすっても、うまくゆきます。人に押さえてもらうよりもしっかり固定します。

ぬくめずし

穴子や海老の押しずしや、茶巾ずしが残ったときに、冷蔵庫に入れておくと、かたくなってしまって、あまりおいしくいただけません。

おもいついて、蒸しずしのように蒸してみましたら、とてもけっこうでした。

蒸器に入れるときは、フタつきの丼にいれるか、お皿にならべてスープ皿かボールをかぶせるとか、かならずフタをして、ごはんに湯気が落ちないようにして蒸します。

山椒と鯖

鯖のおいしい季節ですが、鯖やカツオのような青い魚は、料理しても、どうかすると生臭味が残ってからっとしないものです。それを消すために、ひと煮たて多く煮込んだりシヨウガ汁をしぼりこんだり、いろいろ工夫がありますが、その一つとして、山椒の実も使えます。

鯖などを煮込むときに、一切れに対して、つくだ煮か、塩づけの山椒の実を四、五粒の割で入れるだけです。山椒の実の特有の香りと、あのぴりっとした辛さが口にさわやかにあたり、魚のにおいはどこかへ消しとんでしまいます。

カレーを助ける

カレーを作って、さて、もういよいよ出来上り、というときにお味をみます。ときどき、こんなことがあるでしょう。

カレーもまず利いているし、塩味もべつに足りないともおもわない、どこといって失敗したとはおもわないけれども、さて、これをご飯の上にのせていただくとしたら「なにやらどうも少しもの足りない」

こういうときに、ウースターソースを、応援の意味で大サジ1、2杯入れてごらんなさい。ウースターソースがかくし味になって、カレーがじつにシャンとした味になってくれます。

もろじゃが

ふかしたジャガイモや、きぬかつぎは秋のたのしいおやつです。これに、モロミみそをつけていただいてみました。ちょっとかわった風味でおいしいものです。

お客さまには、モロミに添えてアサツキを細かくきざんで出しましたら、見た目もきれいになって、なかなか好評でした。ことに男の人に、とてもよろこばれました。

バーゲンの利用法

秋口になると、あちこちで夏生地の安売りをします。ひとつこの機会に、ふだん自分が着たこともない色やカタチの服を一枚作ってみませんか。

似合わないとおもっていた色が、意外に合うかもしれないし、おもい切って大胆なデザインの家庭着も、若返らせるかも知れません。

調べる

首飾りは、珠と珠の間に糸が見えてきたら、ゆるんでいるのです。

だいじな真珠の首飾りなど、そのままにしてしまわないで、早速、買ったところへつなぎ直しに出しましょう。

冬ものも出す

朝夕涼しくなって、着るものを秋ものと入れかえる季節がきたら、子どものものだけは、オーバーやセーターなど、冬のものを早めに出してしまいます。

セーターのほつれたのを直したり編み足したり、オーバーの裾の丈を出すなど、寒さに追いかけられてからでは、イライラして間に合せ仕事になりますから、ひまなとき、ゆっくりやっておきましょう。

色を着るため

夏もののポロシャツやスポーツシャツ、ブラウスなどは、色も柄もきれいで、明るい感じです。もう秋になったからと、しまいこまないで出しておきます。

これから着る長袖のセーターやスーツの下に着て、エリを出すと、思わぬ色どりになって、ステキに着られます。

位置かえ

部屋いっぱいにじゅうたんが敷いてあるときは、そうはいきませんがふつうのじゅうたんは、敷きっぱなしにしておかないで、ときどき位置をかえます。

部屋の入口とか、いつもきまって人の歩く場所だけが毛がすり切れたり、汚れてきたりします。日の当る場所もきまってしまうので、そこだけが色が変ったりしがちです。だから、ときどき位置をかえると、傷んだり、日ヤケする場所もちがってくるから、ながもちしてくれます。

リンゴのジャム

かたくてすっぱいリンゴ、八百屋さんで一山いくらの傷んだリンゴで大丈夫です。

リンゴをタテに八つぐらいに切って、皮やシンをとり、2ミリ位にザクザク切ります。これを1/3の量の砂糖と、レモンの皮を少し入れ、透きとおるまで煮ます。

おかしいくらい簡単に、おいしいジャムができます。砂糖を少なくして、その代り、たっぷりとパンにのせていただくのも、いいものです。

チーズとカツオブシ

チーズをきざんで、カツオブシを削ってしょう油をかけたところへまぜます。割合はすきずきですが、あまりカツオブシが多いと、塩からくなりすぎます。

あたたかいご飯にまぶしても、トーストにのせても、なかなかいいものです。

姿をかえる

めざしや、アジの開きなど、一尾ずつつけないで、スルメみたいにむしって出すと、目先がかわって、ふだんは箸をつけない人も、よろこんで食べてくれます。

それに干物が、頭かずだけ足りないときなんか、むしってまぜてしまうと、数もわからないというわけです。

身欠きニシン

あの、干してカサカサにして売っている身欠きニシン、あれを、お米のとぎ汁につけて、煮るときのようにやわらかくもどし、よく洗って水気を切っておきます。

酢油ソース（酢1、サラダ油4の割に、塩コショー）の中に、玉ねぎの薄切りを入れて、この中に一昼夜つけておきます。とびきりハイカラな味になります。

このままいただいたり、パンのおかずやオードブル、サンドイッチなどに使うと、身欠きニシンとは思えません。

とうふの味噌汁

とうふの味噌汁は、つい煮すぎると、とうふがかたくなり、まずくなってしまいます。

小ナベに水を少しとり、そこへ切ったとうふを入れて、あたためる程度に煮て、いただくとき、これをお椀にとり、上から、仕立てておいた熱い味噌汁を注ぎます。

こうすると、とうふが固くなることもないし、おつゆが水っぽくなることもありません。

くさみをとる

コンビーフは保存がきいて、その上便利で、おいしいものですが、特有のくさみがあって、なんにでも使えるとは限りません。

コンビーフをよくよく炒めてから、おしょう油をたらして、炒《い》るようにしてゆきます。コンビーフのにおいが消えて、こうばしくなります。しょう油の味がついて、そのままご飯にかけたり、チャーハンにしたり、なかなかおいしいものになりました。

泡雪清汁

白味をかたく泡立てて、おたまに一ぱいずつくらいを、熱くしたお清汁に落します。まっ白なフワフワ泡雪ができます。

もみ海苔や、青みをほんの少しいっしょに浮かせると、なかなかきれいなお椀種になります。出来たてをどうぞ。

油揚げ

いなりずしの袋をつくるとき、油揚げの具合で、ずいぶん開きにくいのがあります。

油揚げを二枚に切る前に、一枚ずつマナ板の上にひろげ、メン棒かすりこぎで、上を三、四回、いったりきたりさせてころがすと、皮と皮の間がこすれて、ずっとラクに皮がはがれます。

スープカップを

両手のついた紅茶茶わんのようなかっこうのスープカップを、人数分だけ買っておくと、便利です。

ふつうのスープ皿は平たくて冷めやすいし、テーブルにのせたとき場所もとりますが、これは小さめでなにかと使い勝手のよいものです。

西洋ふう片口

むかしから使っている片口、あれは便利なものですが、西洋ふう片口を一つご紹介しましょう。

コーヒーセットなどにはいっているミルク入れ、大きなとってが付き、とんがった口が付いている、あれです。どうかすると、コーヒー茶碗はわれたり、口がかけたりで、なくなり、これ一つだけ食器棚の奥にあるものです。

煮物のとき、しょう油をさしたりとき玉子をおつゆに垂らすとき、炒めたメリケン粉を牛乳でのばすとき、サラダ油を垂らすときなど、液体を少しずつ注ぎたいときに、このミルク入れを使うと、とても重宝です。

そのほか、酢油ソースやマヨネーズをこれに入れてスプーンでも添えれば、なかなかしゃれたソース入れにもなります。

ちがった大きさ

おべんとう箱は一つときめないで大きさ、形の変ったのをせめて二つは用意しておきましょう。

おべんとうのおかずは、フライやサラダのようにかさばるおかずのようなときもありますし、塩鮭に玉子焼き、といった小ぢんまりしたおかず。まぜご飯でおかずはほんの添えものと、いろいろです。

容れものも使い分けた方がつめやすいし、食べる方も気分が変っていいものです。

玄関を明るく

一日の仕事をおえて、家にたどりついた時に、家の中の暗いのは、まことに味気ないものです。

ご主人なり、お子さんなりが、もう帰るころだな、という時間に、出入口の灯をつけておきましょう。電気代などわずかなものです。

頭を洗う

いろいろ考えごとがあって、本当に疲れ果ててしまったとき、頭をよく洗ってごらんなさい。ずいぶん疲れがとれるものです。

傘をとめる

人がたくさん集まるところで、ぬれた傘を傘立てにさすときは、しまうときのようにクルクル巻いて、止めヒモでしっかりとめてから、さし込みましょう。

そのままでは場所をふさいで、あとから来た人が入れにくいし、上からぬれた傘をさしこまれたら、傘の内側まで、ビショビショになります。

また、傘立てから抜こうとしてもなかなか抜けないで、骨を折ることにもなります。

角砂糖の大小

お砂糖の量に神経をつかうこのごろです。紅茶やコーヒーのお砂糖ですが、ふつうの角砂糖はどうも2コではあますぎるし、1コでは少ないということがありませんか。

角砂糖は大きいのと、小さいのと二種あります。

砂糖つぼに大きいのと、小さいのとまぜて入れておきましょう。あまいのがいやな人は、大1コ。少しあまみのあるのがよい人は大1コと小1コ。あまいのがいい人は大2コ。疲れていて、あまいお茶というときは大2コと小1コ。こういうふうにのむひとの好みで、使いわけられます。

大きいのばかりより、こうやって二種ある方が、こまかい心づかいも感じられるし、しかも考えてみると経済的になるわけです。

だるいときに

なんとなく体がだるくて、元気が出ないとき、サッサと足に力を入れて歩いてみると、意外にシャンとしてきます。

また、ふだんより大きな声でものをいうのも、いい方法です。

何ごとも公平に

果物は、リンゴでも梨でも、桃でも、一つ一つずいぶん味がちがいます。おいしいのに当った人はうれしそうにニコニコしていますが、サクサクだったり、全然あまくないのに当ったひとは、本当に損してしまいます。

一コ一コかぶりつくときは仕方ありませんけれど、皮をむいて、四つに切ったり、六つに切ったりするときは、一つのリンゴを、四人分のお皿に一きれずつ分けて盛ります。次のリンゴもそうします。また次のもそうすると、ひとりの人に、甘いのすっぱいの、サクサクのなど全部当るので公平です。

お客さまのときなど、恥をかかないですむというものです。

口紅をふいて

せっかくきれいに口紅をつけていても、食事をすると、ほとんど落ちてしまうものです。

どうせ落ちてしまうものなら、食事の前に紙ナプキンで、口紅を軽くふきとっておくと、うっかりお茶わんのふちにつけてしまったり、という心配がないし、だいいち、口紅ごと食べてしまったという不快感がなく、気持よく食事ができます。

玉子で一品

玉子を半熟よりちょっと固めぐらいにゆでて皮をむきます。フォークかなにかで粗くつぶして、小丼に盛り、しょう油をおとして小付けにします。

色どりも味も、気の利いた一品ができました。

肉を洗う

ドイツのひとは生肉を洗ってから料理に使います。

肉を冷めたい水で洗い、フキンで水気をよく拭きとってから使うとヘンなくさみが出ないし、スープなどにごらなくていいし、冷めたい水なら味もにげないそうです。

古くから肉食をしている人たちのチエとでもいうのでしょうか。

里いもにマヨネーズ

マヨネーズで和えるイモといえばじゃがいもと、きまってしまっていますが、里いもや小いもをうす味で煮て、マヨネーズで和えてみて下さい。なかなか、かわっていて、おいしい口当りです。

多く煮すぎて残ったら、翌日はこうやって出すのも、かしこい方法です。

コツを一つ

カレーを作ったり、ホワイトソースを作るとき、その他、西洋ふうの料理には、メリケン粉をバタで炒めて、これを牛乳や熱いスープでのばすことが、割合い多いのです。

このとき、どうしても、粉がダマになってしまいます。それを泡立器でかきまぜるのですが、それでも、ついに征伐できず、最後に裏ゴシのご厄介になることがたびたびです。ダマを作らない方法を、帝国ホテルの料理長、常原久彌《つねはらひさや》さんに伺いました。

バタで炒め上げた粉に、すぐ熱いスープを入れるから、どうしてもダマができるのだそうです。「粉を火からおろして、二、三分やすませる」そうしてから、牛乳なり、スープを入れてのばせば、自然にすなおに溶けてゆきます。

二、三分休ませるということは粉を冷ましてやることです。熱い粉と熱いスープが急に出っくわすので粉の方が、ちぢかんでしまうというか身をこわばらせてしまうのです。上手に粉をよく炒めてあれば、休ませているうちに、自然に粉が溶けてゆくのです。

これは、なんでもないようなことですが、専門のコックさんでも、知らないかもしれない、という話でした。

皮をむく

里いもはおいしいけれど、庖丁がすべったり、手がかゆくなったりで下ごしらえをするのに、ちょっといやなものです。

泥をおとしてからさっとゆがいて外側だけ柔かくしておきますと、指でつるっと簡単に、しかも皮だけが薄くむけます。

味揚げ

秋野菜を使っての精進揚げもおいしいものです。なにも秋野菜にかぎりませんが、サツマイモや、カボチャ、ハス、生シイタケなどをあらかじめ、ちょっと火の入る程度に、砂糖としょう油で、うす味で煮ておきます。

よく汁気をきってから、コロモをつけて揚げてください。この変り精進揚げ、風味があって、いただけます。

切身を

魚の天ぷらといえば、小アジとかイワシ、キスなど、一尾そのままを揚げるのが常識みたいです。

切身を薄めにそぎ切りにして、揚げてごらんなさい。けっこういけます。

ダシをこすのに

ひとりで台所をやっていると、ダシをフキンで濾したいとき、フキンをおさえられなくて、不安定で困ります。

ザルにフキンを敷いて、ボールの上にのせ、静かにダシをこぼしてゆきます。こうすると両手でナベを持つこともできて、楽に濾せます。

きぬかつぎ

ゆでたてのきぬかつぎを、フウフウふきながら、皮をむいて、塩で食べる舌ざわりは、なんともいえません。

このきぬかつぎを、塩でなく、生姜じょう油で食べてみてください。塩とはまたちがった味で、なかなかおつなものです。

里芋コロッケ

知り合いから、里芋をたくさんいただいたので、ふかしてつぶし、肉をまぜてコロッケにしてみました。

里芋の舌ざわりと香りがおいしい、ひと味ちがうコロッケは、子どもにも好評でした。

酢じょう油で

タタミいわしを焼いて、まだ熱いうちに酢じょう油をかけます。パリパリにならないので、歯あたりもよく、味もひきしまって、またいいものです。

イカのワタの塩辛

活きのいいイカが手に入ったら、ワタで塩

辛を作ります。

イカのワタは墨が入らないように墨袋をとってしまい、ぎゅうっとしごいで中身を出します。ここでワタ一つに、茶サジ1杯ぐらいの見当で塩を入れて、よくかきまぜます。フタつきの小丼にでも入れて、冷蔵庫で、二、三日ならすと出来上り。

お酒の肴はもちろん、あったかいごはんにのせて食べるのも、こたえられません。また、これで糸作りにしたイカやさよりなどを、さっと和えても、またちがったおいしさになります。

リンゴとキャベツ

セロリとリンゴをマヨネーズで和えたアメリカのウォルドルフサラダというのがあります。

このセロリの代りに、キャベツをザクザクと、リンゴとおなじぐらいに切って和えたのも、また負けずにおいしいものです。

イカを

イカを焼くとき、まず手に塩をとって、イカを両手で軽くもむようにしてから、斜めに庖丁を入れます。それから、しょう油につけて焼きます。

こうすると、塩気がきいて、ことに、おべんとうのおかずには、よろこばれます。

キンピラごぼうに

キンピラごぼうを作るとき、味つけにとうがらしを入れますが、かわりに、しょうがをおろして、入れてみて下さい。かなり多くの量を入れた方がおいしいのです。

じゃがいもをゆでる

粉ふきいもはべつとして、じゃがいもの形をくずさないようにゆでるには、ゆで汁のなかに、塩を一つまみ入れてごらんなさい、形よくゆで上ります。もちろん、塩は、じゃがいもが、からくなるほど入れてはいけません。

助け舟

スープやシチュー、カレーなど煮ているとき、塩を入れすぎて、どうしようもないときがあります。

そんなときに、いそいで、じゃがいもを二コほど用意して、皮をむいて四つか五つくらいに切って、入れます。

しばらく煮ていきます。こうするとじゃがいもが、その塩をすってくれて塩がやわらぎ、じゃがいものうまみも出て、一石二鳥です。

じゃがいもは、あと、サラダにしたり、おみそ汁の実にしたり、そのままとっておいて、コロッケの台にしたりします。

水につける

ほうれん草や、小松菜など葉ものを洗うとき、水道の水をジャアジャアと流しっぱなしにして洗うと、よく洗えたような気になりますが、根元に入りこんでいる汚れがとれずに肝心のやわらかい葉っぱがちぎれたり、穴があいたりして、傷んでしまいます。

洗い桶にたっぷり水を入れて、しずかにしばらく、その中につけておいて、泥やゴミを落します。

また水をかえて何回も洗って、直接、つよい水があたらないようにします。

材料を大事に、ていねいに取りあつかった料理は、たとえおひたしでも、心のこもったものです。

きんとん煮

サツマイモや八つ頭やカボチャをねっとりと煮たいとき、切れ端を細かく切って、いっしょに煮ます。

こうすると、それが煮くずれて、トロッとおいしそうに煮えます。

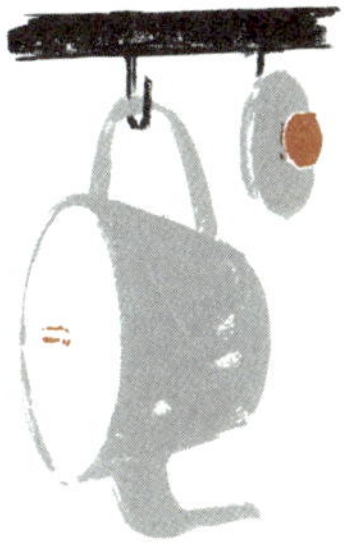

巻すで

大根おろしのために、小さめの巻すを一つ決めておきます。

マナ板の上に、巻すをひろげ、この上で大根をおろします。気楽におろせますし、おろせたら、巻すを両手で持ちあげて、しぼると、好きにしぼれてとても便利です。

歯ブラシにも太陽

毎日使う歯ブラシは、洗面所やお台所など、あまり陽のあたらないところにおいてあったり、洗面戸棚の中にしまわれたりして、ほとんど乾く間なくおかれています。

気をつけて、たまには一日、陽にじゅうぶんあててやりましょう。消毒にもなりますし、さっぱりとして気持よく使えます。

釘に油

日曜大工で、かたい板に釘をまっすぐ打ち込むのは、なかなかむずかしいものです。

釘にちょっと油をぬりつけてから打つと、釘が曲ったりするようなことも少なくなり、ちゃんと入ってくれます。

小さなハサミ

食卓に小さなハサミを一つおきましたら、こんなに〈出番〉が多かったとは思いもかけませんでした。

牛乳やオレンジジュースの紙のパック、小さなおかきやクッキーにいたるまで、ひとつひとつかぶせてあるセロファンやラップフィルム。それをいままで「エイッ」と力をいれて、手で破いていたのです。

力あまって、お菓子をこわしてしまったり、紙パックの中の牛乳がとび散ったり、食卓の上においた小さなハサミが、そんなアクシデントを全部ふせいでくれます。また手紙を切ったり、紐を切ったりするときにいちいちハサミを探さなくてすむようになりました。

カットメンを

油こし器についているこしアミは一度使うごとに洗えばいいのでしょうが、ついめんどうで、二回、三回とそのままにしておくために、油でベトベトになりがちです。

アミの上にカット綿を広げ、その上から油を注ぎ、脱脂綿は油カスごと、すぐに捨てます。アミだけよりも、よくこせて、アミもよごれないし、便利です。ただし、油が熱いうちにしないと、アミに脱脂綿がつきます。

乾燥剤を

日曜大工に使うクギや金具類を整理した箱に、乾燥剤を入れておくとずいぶんサビが防げます。

乾燥剤は新しく買わなくても、８ミリのフイルムや菓子類に入っていたものを、捨てないで利用してもいいのです。

また、ドライバーやノミなど、大工道具を入れた引出しなどにも入れておくといいでしょう。

空の引出し

そのおうちは、いつ伺ってもきれいに片付いているのです。子どもさんが三人もいるのに、どうしてかしらと、不思議でした。

秘訣は「タンスのどれか一つの引出しを空にしておくこと」だそうです。そしてお客さまがみえると、その辺にちらかっているものを、なんでもその引出しに放りこんで、あたりをきれいにしてしまいます。

お客さまが帰られてから、その引出しのものを出して、ゆっくり整理します。こうすると、不意のお客さまのときでも、あわてないで、いい方法です。

ご注意

おんなの人の集りのあと、お茶碗やコップを洗うとき、充分に気をつけましょう。急いでやると、ふちに口紅のあとが残ったままということがあります。

ときどき、よそでそんなお茶碗を出されることがありますが、口紅はすこしぐらいこすっても、なかなかとれないものです。もう一度、きれいになったか確めてみましょう。

カチカチの干物は

カラカラになっている干物は、そのまま焼かないで、ちょっとしめり気を与えてから焼きます。

ボールに水をくんで、その水の中をくぐらす程度に通し、少しおいてから焼きます。ふっくらと焼けて、食べやすくなります。

塩ゴマ

ゴマ塩というと、ゴマと塩をいっしょに煎ったものですが、これはゴマに塩味をつけて塩ゴマにします。

濃いめの塩水を煮たててゴマを入れ、一、二分煮てから、火をとめて水気をきります。これをカラナベに入れて、中火にかけ、よくかきまぜます。ナベがすっかり熱くなってゴマがはじけそうになったら、ほかの冷めたいナベに移して煎りつづけます。

また熱くなって、はじけそうになったらナベをかけ、こんど熱くなって、一つか二つはじけてきたら、でき上ります。

こうやると、ゴマ自身にいい塩味がついて、これだけかみしめてもおいしく、おにぎりに使ったり、赤飯にかけたり、そのまま、炊きたてのご飯にかけたり、と、いろいろに使えます。

玉つき

もりソバやそうめんのつゆに、ふつう生玉子をおとしますが、半熟にした玉子を入れるのも、なかなかおいしいものです。

ゆで玉子は、おつゆに入れてから箸でくずして、薬味をまぜます。

いなりずしに辛子を

いなりずしを溶き辛子で食べてみても、またかわった味でいただけます。マスタードでもいいのですが、ふつうに溶いた辛子の方がけっこうです。

太すぎる大根

大根はおろしにくいものです。なかでも太すぎて、やっとにぎれるほどの大根をおろすのは、骨のおれるものです。どうかすると、手が痛くなることがあります。

そんなとき、大根をタテに二つに切って、つかみやすくしておろしてごらんなさい、ずっと楽です。それでも太ければ、もう二つに切ります。こんなちょっとしたことで、同じ大根が楽におろせます。

根野菜を買うとき

大根、にんじん、ごぼう、かぶなどの根ものは、とかく、中のシンの部分が大きくて、カンジンのおいしいところが少なかったり、スが入っていたり、一本まるまる損をしたような目に、たびたび合うことがあります。

こういう根ものを買うときは、その葉のつけ根によく注意します。葉のつけ根が太いものほど、シンが太くてがっしりしていて、まずいのです。葉のつけ根の細いほど、おいしいところが多いのですから、ここに気をつけて買うと、あまり失敗しないですみます。

お茶にハチミツ

東北へ旅行したとき、山の宿で、お茶受けに、オチョコに入れたハチミツがでました。ハチミツをチビリチビリとなめながら熱いお茶を飲むのですが、それが、なんともいえないおいしさなのです。

寒い夜などに、一度ためしてみて下さい。

ケーキの切り方

パイやショートケーキ、丸く焼いたパンを、四つに切るのは楽ですが、五人分に上手に切るのはなかなかむずかしいものです。

はじめにナイフで、アルファベッドのYの字に切り目を入れます。つぎに、手前の左右のまんなかを切り目を入れると、じょうずに五等分に切れます。

バタナイフ

食卓の上にバタ入れがひとつ、それにバタナイフが一本、というのがおきまりのようです。バタ入れはひとつでも、バタナイフは、せめて、ふたりに一本はほしいものです。

とくに朝など、それぞれ心いそぐときは、一本のバタナイフに、何本もの手が同時に出る、ということがよくあります。

干物にブドー酒

アジやサンマ、いわしなどの干物は、味がきまってしまいます。

焼きたてを、庖丁の背で三、四回たたいてから、白ブドー酒を上からふりかけます。

ブドー酒の香りとほのかな酸味が魚のクサミを消してくれて、おいしくなります。

マッシュルーム

マッシュルームは、ふつう西洋料理のつけ合せにしたり、ソースなどに入れますが、これを、つけ焼きにしてみました。

石づきの先をちょっと落し、大きいものは半分に割って、椎茸のつけ焼きのようにアミで焼き、ちょっと甘味を加えたしょう油を二、三回はいて、また焼きます。

椎茸のつけ焼きとはまた変った、香りのよいマッシュルームのつけ焼きができます。

スパチュラ

コックさんは、粉を炒めたり、スープをどろりとさせたりするのにスパチュラという、ちょうど、ご飯しゃもじのまるみを落としたような、ヘラを使います。

これをまねて、片側と、両側を落としたのを二つ作っておくと、ナベ底のすみまでよく入って、とても便利です。

ピーマンを

ピーマンはいつでも、炒めたり揚げたりで、同じような料理になってしまいますが、これは目先のかわった即席しょう油漬です。

ピーマンのタネをとり、細い千切りにします。これを、ヒタヒタにかぶるくらいのしょう油に漬けただけのものです。あまり長く漬けておくと、しょう油のにおいが強くつきますから、食べる十分くらい前につくるのがよいようです。

温かいご飯にのせて食べると、パリパリして歯あたりがよく、食もすすみます。しょう油に少し酢を入れても、またおいしいものです。

クラッカー

おなじようなものでも、甘いビスケットのほうは親しみやすいのですが、甘くないクラッカーは、つい敬遠してしまって、よそからいただいたりしても缶に入れっぱなしということが多いのです。

クラッカーをつぶして、パン粉の代わりに使って、フライを作ってみてください。あのクラッカーのパリパリした感じがそのまま口当たりになり、かすかな塩味とうまみが手伝って、すばらしいフライができ上がります。

イギリスあたりで、最高の料理に出る魚のフライは、クラッカーを使っています。

生タマネギ

生タマネギはからだによいということで、いろいろな食べ方がありますが、その一つ。

生タマネギをミジンに切って、トロロ昆布をまぶして食べるのです。タマネギのシゲキ的な味が、昆布のうまみでなんとなくやわらいで、おいしいものです。好みで酢じょう油をたらします。

ミジン切りに

ゆで玉子をミジン切りにして、料理の色どりにすることがよくあります。

ふつうマナ板の上でコトコト切るのですが、

だんだんにこまかくなっていくと、マナ板にこびりついて不経済だし、マナ板もよごれます。

フキンをひろげて、この上できざんで下さい。フキンごと持って、料理の上にふりかけることができるしマナ板もよごれなくて便利です。

玉子はかんたんにきざめるので、思ったほどフキンは傷みません。

しその実

しその実の塩漬を、いつも用意しておきましょう。

大根やキャベツをきざんだ香のものにまぜたり、きゅうりもみに入れたりします。揚げ物の衣にまぜたりお魚のつみいれを作るときに入れると、生臭みが消えるなど、いろいろと重宝します。

カレーサンド

サンドイッチを作るとき、残っていたカレーを塗ってはさんでみたら好評でした。

カレーのとろみが足りなかったらちょっと煮つめて濃くし、生タマネギの薄切りを一緒にはさみます。ピリッと辛みがきいて、とてもおいしくなりました。

マーマレードを

かき玉子を作るとき、オレンジマーマレードを入れます。透きとおったオレンジの皮がまじっているのもさわやかですが、あのほのかな香りも、玉子によく合います。

こんがり焼いたトーストやクラッカーにのせたり、ホットケーキといっしょにいただいたり、ちょっとたのしいものです。

ヒザかけ

長時間、汽車やバスにゆられて旅行するとき、ヒザをそろえてお行儀よくしてゆくのはとてもつらいものです。

セーターとかスカーフ、風呂敷など、カバンの中にしまいこまないで一枚出しておいて、ヒザにかけてゆきます。うっかり熟睡して、お行儀がわるくなってしまっても、安心です。

小さいざぶとん

玄関にも小さいざぶとんを一枚おいてみて下さい。

腰かけて靴のヒモを結ぶときはもちろんですが、靴をみがくときにもゆったりした気持でみがけるので、靴がきれいになること、うけあいです。

水筒のくさみ

水筒とか、まほうビンは、遠足やピクニックからもどると、中がカラになっているのをいいことに、そのまま、次に使うまで洗わずにほうっておくので、特有のへんなにおいがついてしまいます。

かならず洗って、フタをしないでしまっておきます。フタはどこかしまうところをきめておくか、ビニールの袋にでも入れて、水筒に輪ゴムででもくくりつけておきます。

人の名前

初対面の人の名前はなかなかおぼえにくいものです。

会って話しているときに、つとめて相手の名前を口に出していうようにすると、案外すらっと入って、おぼえられるものです。

一升ビンから

大ビンのしょう油やお酒を、しょう油つぎやお銚子に移すとき、台の上に入れものをおいて、重いビンを両手でかかえて、少しずつ注いでゆくのがふつうのやり方です。

しかしこうすると、一升ビンの重さでついてもとがくるって、外にこぼしたり、入れすぎてあふれさせたりしがちなものです。

これを逆にするのです。一升ビンを台におき、入れものを手でもってビンをそのまま傾けて注ぎます。これだと、ビンの重みの大部分は台の方にかかっているから、らくに操作できるというわけです。

ワサビをきかせる

ワサビをきかせるという言葉がありますが、これはほんとうに、ワサビをきかせる話です。お酒のさかなに、熱いご飯に、塩辛の味はそれだけでも格別ですが、その塩辛にワサビをきかせて下さい。

ほんもののワサビのおろしたものなら満点ですが、なければ粉ワサビのねったのでもけっこうです。塩辛にほんの少々加えて、さっとまぜます。なかなか、オツな味になります。日本酒のおいしい季節を迎えて一度、試みられてはいかが。

ばらす

粒の大きなぶどうは、洗って一粒ずつにして、ガラス鉢かワイングラスに入れます。気分がかわって、一房でもずいぶんたくさんあるようにみえるし、落ちてしまった粒も、生きてきます。

献立表

お客さまがあって、ちょっとご馳走をつくるという日に、献立を書いて、台所の流しの前に貼りました。

献立表といっても、メモ用紙に走り書きのカンタンなものですが、一応、材料から薬味などまで全部書いておきます。

これを見ながらすると、手順よくまとめて、切る、ゆでる、と下ごしらえが出来るし、すりしょうがなど薬味を忘れたということもなくなりました。

紙に書いてみると、おかずのとり合せなど気のつくことも多く、なにか、ちゃんと料理をつくっている、といった感じがします。

なんの用意もなくそのままはじめて、あれをして、これができたと、いちいち考えながらやっていると、おもわぬ時間をとられてしまうものです。

箸の先をふく

お料理をするとき、ぬれぶきんを一つ手もとにおいて、菜箸の先をちょいちょいふきながら使うと、味がまじらず、とても気持よく使えます。

盛りつけや、揚げもののときにはなおさらです。

塩鮭を

塩のからい鮭は、一人に一切れずつつけても、余ってしまうことが多いのです。

これをもう一度焼いて細かくほぐしたものを、フタものにでも入れて軽くお酒をふり、食卓に出しておきます。

目先きがかわって、朝など、みながちょっとつまむので、けっこう売れてなくなります。

中国ふうみじん切り

ニンニクやしょうがは、小さくコロコロしているので、ミジン切りにするのはなかなかやっかいです。

中国のコックさんは、ニンニクやしょうがをマナ板の上にのせて、庖丁のハラでパンとたたきます。こうするとペチャンコに押しつぶされますから、あとできざむのもカンタンです。

しかし、なれないうちは、たたきつけると、とびますから、庖丁の上から、もう一方の手で押しつぶします。

このとき、庖丁の柄は、マナ板からはずします。

白いボール

このごろは、ステンレスのボールや、プラスチックで色どりのいいボールが多く、台所が花やかになってわるいものではありません。

しかし、白のホーローびきのボールも大切で、一つ二つは要るものです。ダシをとったり、三杯酢を合せたりするとき、その色あいも大事で中が白くないとわかりません。色も料理の大切なコツの一つです。

冬の章

フレンチポテト

フレンチポテトをカラッとおいしく揚げるコツは、じゃがいもを二度に揚げることです。

1センチ角くらいの拍子木に切ったじゃがいもを、ふきんで水気をすっかりふきとります。

それを、たっぷりひたるくらいの油のなかで、弱火でゆっくり、煮るようなつもりで揚げ、八分通り火が通ったら、油をよく切って、上げておきます。

このときには、コゲ目はつきません。熱いうちはつみ上げないで、平たいものに、ひとならべにしておきます。

充分に冷めてから、今度は前より強い火で、さっと狐色に揚げ、熱いうちに好みで食塩をふりかけます。

つづけざまに二度揚げるより、冷めてから二度目を揚げる方がカラッとするので、最初に火を通すだけは早目にしておくのがコツです。

ちょっとめんどうのようですが、この最初の火通しを、少し多めに作って、冷蔵庫にでも入れておけば、明日でもあさってでも、食べる前にさっと熱い油で揚げて、カラッとしたフレンチポテトが、簡単に食べられます。

手羽先で

トリのスープがちょっとほしいけど、ガラから煮出すのもおっくうなというとき、手羽先とか手羽もとを買ってきて、煮出します。ガラより早く、よい味が出ます。

スープをとったあとの手羽先は、水気を切って、ネギとしょうがのミジン切りとしょうゆ油をまぶし、しばらくおきます。これに、片栗粉をまぶして、カラッと揚げると、香ばしくて、気の利いた一品ができ上がります。

山椒焼き

乾燥した山椒の粒は香りがいいので、トリや豚肉や魚をしょう油や酒につけて、焼いたり揚げたりするときに、つけ汁に少し入れると、風味がかわっておいしくいただけます。

干だらの酢のもの

あのからい干だらを、かるく焼いて、こまかくむしります。

これに生酢をたっぷりかけ、五、六分おいてから召し上ってごらんなさい。あの塩からさが中和されて、なんともいえぬ甘味がしますし、第一やわらかくなってなによりです。もしあれば、この上に日本酒をふるようにかけますと、いっそうおいしくなります。

また焼かずに、やっぱり細かくむしって、前の晩からヒタヒタの生酢につけておくのもいいものです。お弁当の端に一つまみ、口なおしに、気の利いたおかずになります。

即席塩辛

生きのいいイカがあったら、早く食べられる塩辛を作ります。

イカのわたを抜き、足をとり、皮をむいて、ぜんたいに、魚に塩をふる程度に塩をして、ビニールか何かでつつんで、丸一日冷蔵庫に入れておきます。

これを塩辛にするように細切りにして、わたで和えます。量はイカ二杯にわた一つぐらいです。塩加減は好みであと塩を足します。

おいしくするために、日本酒を少し加え、あと一日おけば、食べられます。

レモンの輪切り

レモンの輪切りを、コンソメスープに入れると、適当なすっぱ味が出てしゃれた味になります。

ことにカン詰や即席のスープの場合は、味がよくなり、ものによっては香りも助けになります。

マナ板の汚れ

魚屋さんが魚を作る前に、よくマナ板に、ジャアジャア水をかけるのをみかけます。

かわいたマナ板を使う前に、洗うくらいの気持で、たっぷり二、三回水をかけてから使います。そうすると、マナ板の木の目に水がすっかりしみ込んでくれるので、使うとき、後から何かしみ込もうとしても、もう、水がちゃんと頑張っていて、水気はもとより、臭いも、なかなかたやすくしみ込むわけにいかないのです。

肉でも切るとき、もしマナ板が乾いていたら、汚れも臭気もすっかり木の目にしみ込んで、後から、いくらミガキ砂でこすっても、石けんで洗っても、なかなか消えません。

ちょっとの工夫

おひたしは、あまり強くしぼるとクタクタとなるし、ゆるすぎると水っぽくて、おいしくありません。

ゆでた菜っ葉をそろえたら、全体にしょう油をタラタラッとかけてから、水気をしぼります。こうするとほんのりうすいしょう油の水気が残って、水っぽくなく、おいしくおひたしが食べられます。

花を経済的に

これからはお花の値段が高くなる季節なのに、クリスマスとか、お正月とかで、いろいろお花のほしいときです。

庭の松の葉や、まさき、こうやマキ、杉、八ツ手などを、花ビンに合せて適当な長さに切って、多めに生けます。このなかに花を三、四本さしてみるのです。花は枯れても、葉は丈夫ですから、そのときは花だけをかえます。

バラにしたり、カーネーションにしたり、小菊をさしたり、そのたびにすっかり気分がかわりますが、このよさはなんといっても、花が経済で、ほんの二、三輪でも、美しく見られることです。

とれたボタン

服のボタンがとれたとき、すぐにつけ直せばいいのに、ついどこかにちょっと入れてしまい、あとでつけようと思うとき、どこに入れたかわかりません。

ボタンがとれたら、針山に、マチ針をさしてとめておけば、そんなこともなくて、一番です。

朝の光

あしたは、朝早く起きなければならないというときは、カーテンを少しあけておいて、朝の光が部屋にさしこむようにしておきますと、案外目がさめやすいものです。

ひとりもので朝寝坊の人は、目ざまし時計と両面作戦でゆくと、割り合いに起きられるものです。

家族にも

お客さまがいらっしゃると、夏には、冷たいおしぼりと冷たい飲みものを出します。寒いときには、熱いおしぼりと、熱いお茶を出しますが、どちらも、よろこばれます。私がうかがったときでも、寒いときなど、熱いおしぼりは、この上もないものです。

そこで、この冬、家族が仕事をおえて夜帰ってきたときに、熱いおしぼりを用意しました。とてもよろこばれています。家に帰って、まずこれで、ちょっとつかれがとれる、といいます。

もちろん、おしぼりタオルの小さいのではなく、ふつうの大きさのタオルを使っています。

オニオン雑煮

お正月がこなくても、一年中、おもちが手に入ります。ふと思いついて、おすましでなくて、コンソメスープでお雑煮をつくったら、なかなかおいしくできました。

スープはインスタントで、具は玉ねぎを薄く切って、色がすっかりつくまでよく炒め、たっぷり入れました。一見〈オニオンスープ〉ふうで、とてもよろこばれました。

甘味ぎらい

トンカツとか、肉を焼いたとき、目玉焼きなどに、出来合いのウースターソースをかけます。そのとき、あとから、ほんの少ししょう油をかけます。

あまったるいソースの味、くせのあるソースの味が消えて、なかなかおいしくなります。

冬にもそうめん

そうめんは夏だけのものと思いがちですが、ゆでたものを清汁仕立てにします。白身の魚やトリ肉、生椎茸、みつばなどをあしらって、熱いところをいただくのもなかなかおいしいものです。

この場合、お吸物よりもちょっと濃いめの味にしたほうがいいようです。

お椀

お正月用に、ぬりのお椀を買う予定がおありでしたら、大ぶりのお椀をおすすめいたします。

大きいと、お雑煮にもむきますし汁ものだけでなく、煮ものを盛ったり、ちらしずしや五目ごはんをもったり、重宝いたします。

赤ちゃんのおやつ

フランスのお母さんたちが、生れて三、四カ月ころからの赤ちゃんにあげる、簡単なおやつをご紹介します。

食パンの耳だけを水にひたして、やわらかくなったら、かたくしぼります。これを牛乳の中に入れてよく煮て裏ごしにかけます。これをもう一回あたためて、よいバタをほんの少しと、砂糖、塩で味つけいたします。砂糖や塩の加減はお子さんの好みに入れます。病人の方にも気の利いたおやつになります。

いままで、食パンの中の白いところの方が、やわらかく、フワッとしているので消化も良いように思っていましたけれども、耳のかたいところの方が、焼け色がついているだけよけいに火が通っているので、かるく、ずっと消化が良いのです。

折れたクレヨン

よく小さい子がクレヨンで画を描いているうちに、ハズミですぐ折れてしまうことがあります。

そんなときは、両方の割れ目を、ローソクかライターの火の上に持って行って、ぐるぐる廻しながらゆっくりとかし、両面をピッタリくっつけます。このとき中にスキ間の出来ないように、ぐっと押しつけるとうまくゆきます。よくくっついたら、接目のもり上っているクレヨンを、指先か、スプーンの腹をちょっとあたためてならします。

そしてすっかりかたまってから、きれいな紙で巻いて、ノリづけします。これですっかりクレヨンも元気になりましたし、坊やもどんなによろこぶでしょう。

帽子をかぶせる

きれいに洗って戸棚にしまったはずのお銚子、久々のお客さまにお酒でもと、出してみると、口もとのところが、なんとなくホコリをかぶって中までうす汚れているようです。洗い直しても、ちょっとイヤな感じでした。

それ以後、お銚子に、アルミ箔の帽子を被せて、しまうことにしましたら、いつもきれいで、気持よく使えるようになりました。

花びんでもこうしてしまうと、中にホコリが入らずにすみます。

一寸ぜいたくに

塩せんべいに焼のりを一枚添えて食べてみました。焼のりの香りがしてとてもおいしいものでした。

それからは、お客さまにおせんべいをお出しするときは、焼のりもお出ししています。

からい塩鮭

塩がからすぎて、焼くと、まっ白に塩をふくような塩引き鮭は、お酒と水を半々にしたなかで煮ます。きついからみがとれて、グッとおいしくなります。

しかし、あまり煮すぎると、身がボソボソになります。

ほんとうは、お酒だけで、水を割らないと、味は、この方がぐんとおいしくなります。

ブラシをかける

お人形や、ぬいぐるみのオモチャは、そのまま飾っておくと、どうしても色が変って、とても汚なくなってしまいます。

毎日とはいかなくても、一週間に一度か二度は、ブラシをかけましょう。小さいのは歯ブラシのお古を使います。

こうすると、汚れがずっと違ってきますし、小さい人の役目にしておくと、よろこんでしてくれます。

店屋ものの割り箸

どこのお宅でも、台所の引き出しにはおそば屋、おすし屋の割り箸が二、三膳とってあるものです。

お客様に食事を出すとき、客用の割り箸がすっかりきれてしまったりして、よくこの割り箸を利用することがありますが、「○○屋」と名前入りの袋そのままでは、せっかくのごちそうもぶちこわしです。

箸の先を熱湯で消毒してから、半紙を箸紙のようにたたんで、これにさします。またナプキンにつつむのも一つの方法です。

ちょっとしたことですが、こんなところにも、おもてなしの本当の心が感じられるものです。

ロールカツ

串カツというと、肉のブツ切りを使うことが多いのですが、ふつうの薄切りの肉をクルクルとロールに巻いてさしてみました。火の通りもよく、やわらかで食べやすく、なかなかです。

用意万端

お料理作りをはじめる前に、お菜箸やおたまをのせるための受け皿とか、お味見するための小皿など、途中でいるものを手元にちゃんとそろえてからはじめます。

こうすると、お料理の途中で、あちこちしないですみます。

塩番茶

コーヒー、紅茶もいいけれど、冬のお客さまに、一度塩番茶をさしあげてみて下さい。ほうじたお茶の香りもこうばしく、ほんのちょっとの塩味が体をあたためてくれます。

また、小さいあられを一つまみ入れ、上から熱い番茶を注ぐのも、目さきが変っていいものです。

量をはかる

お銚子にお酒を入れるとき、つい入れすぎてこぼしたりしがちです。

使うお銚子をきめたら、あらかじめちょうどよい量をはかって、グラスなり、計量カップなりにスジをつけて、覚えをしておきます。

入れるとき、いったん、それにとってからお銚子に入れると、あふれたり少なすぎたりということがありません。これは、お料理屋さんでもやっている方法です。

額の吊りヒモ

額というものは、一度かけたらそれっきり、というおうちが多いようです。額がおちるのは、たいてい吊ってあるヒモが切れるからです。

暮れの大掃除のときなどにきめて一年に一

度は、額のヒモをかえるようにすると、夜中に額がおちてビックリしたり、額のガラスが割れてメチャメチャになるのはまだしも、下においてあるものまでこわして、大事件をひき起したりすることもなくなります。

その上、額のうらのホコリも、一年に一度はきれいになります。

ねる前の体操

夜、床に入ってから、まず足先を思いきりのばし、次に足首を中心にちょうど円を描くように、そと廻り3回、うち廻り3回というぐあいに足先の運動をくり返します。

そうすると、足はもちろんのこと体まであたたかくなってきて、とても運動をした、という感じになって気持よく、不思議にすーっと眠くなってきます。

ブザーを

寒いときは、お年寄りや心臓の悪い方、血圧の高い方たちには、なにかと心配の多い季節です。なかでも事故が多いのは、目のとどかないトイレと風呂場のようです。

健康なものでも、お風呂でクラッとくることがあります。ご心配なお宅では、このトイレと風呂場に、ぜひブザーをつけられるよう、おすすめします。

事故を未然に防いだり、早く発見できればなおさらのこと、安心感を持つだけでも、気が楽だとおもいます。

針の糸通し

いままでは、針に糸を通していましたが、これを逆に、糸に針を通すようにすると、と

てもよく通るのです。なんだ、おなじじゃないか、とおっしゃるかもしれませんが、やってみてください、たいへんなちがいです。

糸の先を、通りよいように、指先でととのえることは同じです。糸を左の「人さし指」の腹にタテに置き、親指でおさえます。先にでている糸の長さはごく短かく、2、3ミリにします。

右手に針を短かく持ち、針穴を、糸の上にハメこむように持ってゆきます。そして通ったら、親指でしっかり糸の先をおさえて、針をずっと通してゆきます。

なれると、この方がずっと通しよいのです。いままでの通し方は針も不安定、糸も不安定なため、通しにくいのですが、この方法だと、糸の先が固定されているので、その点が楽なわけです。

洋服の仕立屋さんに教わった秘伝というわけです。

ブラウンソース

ビーフシチューを作ったら、ソースを少しとり分けて、冷蔵庫に入れておきます。ハンバーグやビーフカツレツのソースに使えて、とても重宝します。

そのまま温めて、ウースターソースをちょっとたらしてまぜると、味がしっかりしておいしくなります。

三日に一度は、火をいれることを忘れないように。

冬のサラダ

冬は、サラダの材料に、トマト、キュウリなどといっていると、どうしても高くついてしまいます。そこで、キャベツだけのサラダを作ってみましょう。歯ごたえもよく、なかなかおいしいものです。

セン切りのキャベツをうすい塩水につけて、水を切ります。よく水を切ってから、フレンチドレッシングに、ほんの少々砂糖を入れて、これで和えます。

わるくありません。

フライパンの柄

フライパンで揚げものをするときナベがずれないようにというので、柄を片手でにぎるのが普通ですが、なんとなく不自由です。フライパンをぐるりとまわして、柄を向うにやり、壁なり、なんなりに、くっつけてごらんなさい。

へんに押えるより、しっかりするし、第一、柄に体や手がさわって、油をひっくり返したりする心配がありません。

からしの代りに

納豆をとくとき、からしの代りにわさび漬でときます。わさびと粕のとろりとした味が、納豆にとけておいしいものです。分量は、からしよりも多目にします。

ブールマニエ

スープやソースがだいたいでき上ったとき、とろみがもう一つ足りないとおもったら、小麦粉を同量のバタで、よくよくねり合わせて入れます。

味も落ちず、だまにもならず、好みのとろみがつきます。入れたあとは、一度煮立てるだけで、長いこと煮ないこと。

これはブールマニエといって、コックさんがよくやる方法です。

湯どうふにのり

湯どうふは、薬味として、きざみねぎ、かつおぶしなどをふつうに使いますが、のりを焼いて、なるべくこまかくもんで、これを、とうふにかけるなり、つけじょう油に入れるなりして下さい。いっそう湯どうふがたのしくなります。

来客のときなどは、その上に、わさびを添えます。きざみねぎ、こまかくかいたかつおぶし、香りのよいのり、わさび、それに、七味唐辛子……。たのしいではありませんか。

ラム酒とリンゴ

リンゴの季節です。一山いくらで売っている安いリンゴは、煮て冷やしておくと、デザートやおやつにけっこうです。皮はむいても、そのままでも、四つ割りにして芯をとり、水ひたひたで、砂糖を少し入れて、ゆっくりと煮ます。

このとき、リンゴ5個につき、レモンの小さいのを1コしぼって加えます。煮上りに、ラム酒を好みにおとすと、またぐっとしゃれた味になります。

天火で

トリの手羽先かもも肉を、しょう油とミリン半々に合わせて、その中につけておきます。一日以上おいてから、天火で皮がこげるくらい、しっかり焼きます。冷めると、かちんとなって、日もちします。

うすく切って、ちょっとおつまみにしたり、煮ものやお汁のみにもなるし、けっこう使えます。

サンドイッチ

サンドイッチのハムは、薄く切ったのをはさむのが、常識みたいになっていますが、食べているとき、かみきれなかったハムがズルズルつながって出てきたり、切るとき、はみ出したりします。

ハムやレタスなどに、中にはさむ前にいくつか切れこみを入れておくと、ずっと食べやすくなります。

＊

歯の悪いアメリカの人が、ハムをこまかくきざんで、サンドイッチにはさんでいましたので、まねして作ってみたら、なかなか食べいいし、口当りもかわっていいものでした。

＊

ハムのミジン切りに、ピクルスのミジン切りをまぜ、つなぎにマヨネーズを少し入れても、おいしいサンドイッチができます。ただし、なれないうちは、ポロポロこぼれるのがちょっと欠点です。

小包の中

外国とか、遠く離れた地方へ小包を送るときは、中のものは、売っている包装紙などよりも、新聞紙で包んであげましょう。なつかしかったり珍しかったりで、よろこばれるとおもいます。

トーストを包む

寒い朝など、トースターでパンを焼くと、さきに焼いた分が冷めてしまって、みんなで一緒にあたたかいのをいただきにくいものです。少し厚手のナプキンのような布を用意して、

焼けたはしからこれに包んでゆきます。焼けたての熱いのが、前のパンの上にのっかりますから、自然にそのあたたかみが移ってそとに逃げないので、そのままを、はだかでお皿にのせておくよりも、ずっとあたたかく、おいしくいただけます。

こうやって、カゴかなにかにチェックのナプキンでもひろげて包むのも、しゃれたものです。

錦糸玉子の代わりに

五目ずしを作るとき、錦糸玉子はなかなか面倒なので、いり玉子を作って使いましたら、見た目もお味もけっこうで、手間もずいぶん楽になりました。

ただし、色をきれいにあげるため塩と砂糖で味をつけ、しょう油は使いません。

おでんの季節

おでんには、カラシがつきものですが、タネによっては、すり生姜でいただくのもいいものです。

そのほか、ねりみそ、七味とうがらし、タバスコソースなどつけるのも、わるくありません。

さしみ丼

すし味のごはんを丼に盛り、上に焼いたのりをあらくちぎってのせ、その上に、わさびじょう油をたっぷりつけたさしみを並べます。まぐろだけなら鉄火丼というところですが、そこを、我が家の財政に合わせて、タコやコハダやイカなど適当にまぜて並べるのがミソ。上からも、しょう油をタラタラとおとします。

汁け加減

おいなりさんをつくるとき、油揚げを軽くしぼって汁けをきる、この加減はなれないとむつかしいもの。かたくしぼりすぎては味がなくなるし、かといって、びしゃびしゃだとごはんがおいしくありません。

まちがいのないやり方は、煮上った油揚げの煮汁を、ぎゅっとしぼる代りに、目ザルや、餅焼きアミの上にならべて汁をきっておき、はしから順にこしらえてゆきます。

二色かき玉

かき玉汁をするとき、ふつうは玉子を割ってそのままほぐしますが、ちょっと面倒でも、白味と黄味にわけてほぐし、別々に入れます。色どりがきれいで、また、気分がかわります。

ガーリックを

焼魚のいちばんおいしい食べかたは、なんといっても焼きたての熱いうちに食べることです。

そのとき、粉末のガーリックをちょっとふると、これは一段とおいしくなります。

フライパンでおろし

大根をおろすとき、ふつうは、ボールのようなものの上でおろしますが、おろし金をささえているのに、かなり力がいるものです。

フライパンで、やってごらんなさい。汁がながれないし、おろしはまとまっているし、第一、おろし金の手が、フライパンの柄にささえられるので、ガタガタせず、持つのも大変楽です。

もの忘れ用

もののしまい場所を、すぐ忘れてしまう方に。なんでも書きつけておくノートを一冊用意しておきます。「しまったところ」という項を大きく作って、書きつけておきます。

ナンバーをひかえる

暮れもせまると、クリスマスだ、お正月だという具合に、季節的になにかとお客さまの多いのは、どこのご家庭でも同じことだと思います。そのお客さまがお帰りのとき、時間がおそかったり、お酒をあがっていたり、荷物が多かったりで、タクシーを拾ってというようなことがよくあるものです。

そのような時には、よんできた自動車の番号を、必ずメモしておきましょう。

事故とまではいかなくても、車内にマフラーひとつ忘れても、このメモした番号がとても役に立ちます。乗るほうは、帰宅を急いだり、酔っていたり、荷物に気をとられていたりで、番号どころか、どこの会社のタクシーか、おぼえてはいないものです。

救急メモ

近所の各科のお医者さんの電話番号を書き出して、電話のそばにわかりやすくはっておきましょう。

日曜日にもやっている、総合病院の一番近いところも、調べておきます。ムダなようでも、もしもの時のことを考えて、用意しておいたらと思います。

ちょっとチーズを

目玉焼をつくるとき、もし固形チーズがあったら、オロシ金でおろして、焼けているたまごの上にパラパラふりかけて、フライパンのふたをしておきます。

チーズがとけて、黄金色のソースをかぶったような、おいしい目玉焼ができます。

青菜のお粥

寒い日に菜っ葉入りのお粥などいただくと、からだの芯からあたたまって、けっこうなものです。

とくに冬場は、野沢菜やタカ菜のおいしいときなので、炊き上がりに細かく切って入れると、ほどよく塩味がゆきわたり、口当たりもさっぱりとしたお粥ができます。

ワサビ漬とたまご

ワサビ漬をしょう油でといて、これに、目玉焼をつけながらいただきます。

黄味とわさびのからみは合うし、味のない白味は粕のあまみともよく合って、ときどき、プツリッとワサビのくきが歯にこたえて、おいしいものです。一度やってみてください。

たらこと玉子

たらこをほぐして、玉子の黄味でねるようにかきまぜます。

ちょっとウニのような感じになりお酒の肴にもごはんのおかずにも、とてもおいしいものです。

変りしょう油

中華料理からのヒントですが、しょう油2にゴマ油1の割に合わせたゴマじょう油は、油がしょう油のからみを牽制するのでしょうか、なんとも言えぬ甘味と、しょう油の香りとゴマの匂いがいっしょになって、使い方一つで、なかなかおいしいものです。

それに、油の栄養も加わるので、これに薬味としてキザミねぎ、けずりぶしなど好みに加えて、湯どうふにつけていただいたり、ほうれん草のお浸しにかけたり、しらす干しを湯にもどして、これでいただいたりします。

また、少し手がこみますが、塩鮭をかるく焼いて熱湯をかけ、少し塩出しして、このゴマじょう油をかけていただきます。たくあんを、出来るだけ細いセン切りにして、塩からいのは少し水で塩出しして、これでいただくのも、また、ちがった味がして、食がすすみます。

おにぎり茶漬

冬むきのお茶漬をひとつ。

中味はなんでも、まわりも塩でもよし、みそ、しょう油でもけっこうです。小さめのおにぎりを作り、こんがり焼いてからお茶わんにとり、熱いほうじ茶をかけます。

北の国のいか料理

北の国で教えていただいた、いかのお料理一つ、とても簡単で、しかもとてもおいしいのでご紹介いたします。

いかは新しいもので、あまり大きくないものをえらびます。足をぬいて目玉やワタを取って、またもとの胴につめ、丸ごと金網にのせて強火でサッと焼き、カメに作ったタレにつけこみます。

タレはおしょう油と、日本酒を半々。ミリンを使うのでしたら、おしょう油3/4、ミリン1/4の割りで煮たてたもの。作ってすぐでもおいしいのですが、二、三日目がいちばん食べごろ。寒いときなら一週間は大丈夫です。食べるときはそのままでもいいくらいやわらかですが、分厚い筒切りはどうでしょう。

赤と白のスープ

冬はパンでもご飯でも、お汁やスープが、あるとないとでは、あたたまり方が違います。すぐ出来る即席スープを二つご紹介しましょう。

ビン詰やカン詰のトマトジュースを使います。ビン詰もカン詰も、小さいのはだいたいカップ1杯分ですから、これに、カップ1杯の水を足し、固形スープ1コを入れてから煮立てます。

これで、少しすっぱい味のスープが出来上ります。

味をみて、すっぱいと思ったら、茶サジに軽く1杯ほど砂糖を入れます。上からパセリのミジン切りをちらします。（2、3人分）

＊

牛乳カップ1杯に水カップ半杯を加え、そこへ固形スープ1コをくだいて入れ、煮たてます。バタを少し入れると、ずっとおいしくなります。

気どったスープ皿に入れたら、これで立派なクリームスープです。上にクラッカーでもくずして浮かせます。これで2人分です。

クラッカーがなかったら、パンでもいいのです。フランスパンなら細かくちぎったまま、食パンだったらサイノメに切って、バタでカラッと炒めて、浮かせます。

応急手当

アイロンをかけていて、うっかり生地に黄色いこげ色をつけてしまったときは、すぐ脱脂綿にオキシドールをつけてふくと、たいてい、目立たないぐらいには消えます。

ただし、ふいたあと、オキシドールが乾かないうちにアイロンをかけてはいけません。そこだけ変に白っぽくなってしまいます。日光にあてて自然に乾かすのがコツです。

これはある洋服屋さんからきいた話ですが、もちろん、生地がダメになるほどこげたときは、ムリとのことでした。

セロテープ

紙などに貼りつけたセロテープをはがしたいとき、そのままひっぱってとると、紙がテープにペッタリくっついてきたり、やぶけたりして、はがしたあとが、とてもきたなくなるものです。

アイロンをあたためて、はがすセロテープの上にあてると、テープがやわらかくなって、きれいに、上手にはがすことが出来ます。

マシマロ

熱いココアに、マシマロをひとつ落してみましょう。おどけた様子もおもしろいし、味もなかなか。

ただし、マシマロは、お砂糖をゼラチンでかためたものですから、ココアの甘味をかげんしないと、あますぎてひどいことになります。

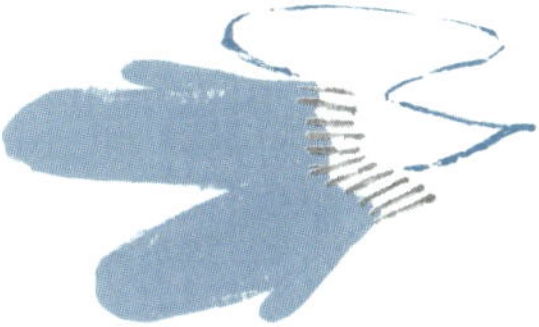

最終時刻

よその家に伺うとき、それが夜で少しおそくなりそうなときは、忘れずに、帰りのバスや電車の最終時刻を確かめておきましょう。

そうしておけば、その時間まで落着いていられます。

よごれた消しゴム

おチビさんの筆箱を、のぞいてみて下さい。消しゴムがよごれて、黒ずんではいないでしょうか。よごれた消しゴムを使うと、ノートや答案もすっかりきたならしくなります。

この黒くなった消しゴムを、紙ヤスリにこすりつけると、すっかりきれいになりますから、ときどきこうやって、消しゴムのお化粧をすることを教えてあげましょう。

とうふのコンブ蒸し

お客さまむきのもの一つ。

なるべく巾のひろいコンブを用意して、長さ17センチくらいに切ります。ちょっと水をかけるなり、フキンでふくなりして、よごれを取ります。すこし水気をふくむとコンブがやわらかくなりますから、両ハシをヒダをとるようにたたんで、竹の皮か、なにか木綿糸ででも、しっかり結びます。

この中に、かつおぶしのダシを張り、とうふなどの具を入れて、湯気の立った蒸し器の中にならべて、蒸します。中に入れるものによって違いますが、五、六分から七、八分かかります。ポン酢としょう油半々の合せじょう油でいただきます。

中に入れるものは、とうふだけでもよし、とうふとなめこ、とうふとトリ、とうふと白身の魚、とうふとしめじなど……

いろいろ、おとうふと合うものなら、なんでもけっこうです。コンブのダシがほどよくきいて、なんともいえない風味です。

このコンブは、あとでダシに使ったり、煮ものに使ったりします。

酢づけ玉子

広口ビンに、かたゆでにした玉子と、他に人参や玉ねぎ、セロリ、パセリなどのクズ野菜もいっしょに入れます。この上から酢油ソースをかぶるまで入れてフタをします。

玉子は三、四日目あたりからいただけます。そのままオードブルにもなりますし、サラダにきざんで入れたり、輪切りにしてサンドイッチにはさんだり、おべんとうのおかずにもおいしいものです。すっぱすぎるようなときは、生野菜といっしょに食べます。

いっしょに漬けた野菜も、きざんで、ピクルスのように、なにかに添えます。

豚肉の水たき

水たきといえば、トリと白菜ですが、豚肉とほうれん草でやってみました。豚肉はふつうに切ってもらいほうれん草は、赤い根元のところもよく洗って、食べごろに刻んでおきます。

なべに六分目ほど、お酒と水を半々にまぜたものを入れ、煮たってきたら豚肉を入れます。肉がじゅうぶんに煮えてきたところで、ほうれん草を入れ、煮えきらないうちに生じょう油か酢じょう油でいただきます。

お酒のほのかな香りがほうれん草の甘さととけ合って、肉の味も格別です。汁もおいしいスープになっていますから、いっしょに召し上って下さい。

お酒の量は、水の半分より少なくてもけっこうです。ほうれん草は煮ると少なくなるので、はじめからたっぷり用意しておきます。

ほうれん草のかわりにキャベツもいいし、肉が少なければ、とうふを足してもいいのです。

煮しめの工夫

里いも、人参、れんこん、こんにゃくなどの煮しめを作るのはたのしいものです。

しかしとかく作りすぎて、あまることがありますが、翌日にいただくときの工夫を一つ。

煮しめの汁をすっかり切って、この上に青のりをふりかけます。こうして盛ると、のりの香りがこうばしく、また目先も変ってよろこばれます。

小さな箒

コージン箒は、便利なものです。

あらたまって拭くには、ごたごた物がおかれているところとか、くぼみのある場所のゴミを、こぢんまりと掃きよせるには、思いのほか重宝です。

冬のうち、部屋がほこりっぽいときなど、鏡台の前やストーブのまわり、書きもの机の上を軽くはらっておくと、気持もさっぱりするだけでなく、ほんとうのお掃除で、下手にほこりをまいあがらせるより効果的です。

お砂糖とおろし金

お砂糖がかたまって、カチンカチンで、どうすることも出来ないときがあります。氷かきで割ったり、キリでもんでみたり、金ヅチ

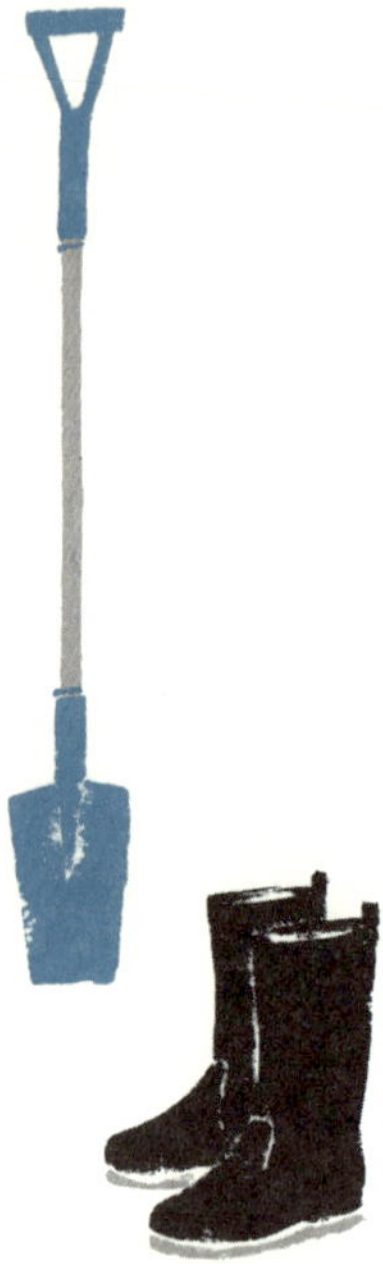

でたたいたりして、やっと割れたとしても、スプーンですくえるようになるまでには、たいへんです。
チーズおろしがあれば、あれを使ってごらんなさい、これはふつうのおろし金よりずっと目が荒くて、これでお砂糖をおろすと、ガサリガサリと、みるみるうちに粉になって、とても便利です。

ズボンのシワ

替えズボンをお持ちになるとき、たいていズボンの丈を真中から二つ折りにするか、これをさらにたたむかして、トランクかボストンバッグに入れられるでしょう。
旅なれた人は、こんなとき、ズボンを、裾の方から、ちょうど反物を巻くように、上の方にむかってゆるくグルグルと巻いて、巻きものみたいにしています。これをボストンバッグ、トランクの隅に、ふうわりと入れるのです。たたんで入れるよりはずっとシワもすくなく、第一折りジワがつかないわけです。

大きな字

五十歳以上の方に、いそぎの用件でハガキを差し上げるときは、なるべく大きな字で書いてあげます。
わざわざめがねをかけなくても、すぐに読めて、よろこばれるでしょう。

はじめる前に

年の暮れにむかって、いつもよりずっと掃除をする機会もふえますが、そんなとき、掃除をはじめる前に、入念に手にクリームをすりこんでおきます。

終ってからぬるよりも、手の荒れがずっと違うようです。

お箸代りに

オードブルやオープンサンドイッチなどで、こまかい飾りつけをするときは、竹串をお箸代りに使います。

これだと、お菜箸などとちがって細いし、先がとがっているので、イクラを五、六つぶのせるなどというときでも、うまくできます。

玉ねぎをどうぞ

冬は、とかく生野菜が不足がちですから、上手に食べたいもの。なかでも玉ねぎは、日もちがするので、いつでも野菜カゴにころがっています。これを上手に食べる法を二つ三つ。

＊

できるだけ薄切りにして水にさらし、これにたっぷりと、かつおぶしをふりかけ、生じょう油か、酢じょう油をかけていただきます。酒のサカナにもよろこばれます。

＊

サンドイッチやホットドッグのとき、やっぱり、この玉ねぎのうす切りを水にさらして、いっしょにパンの間にはさみながらいただくと、おなじハムでも、玉子でも、味が複雑になるというか、変っておいしくなります。

＊

カレーライスの薬味は、福神漬としょうがとラッキョウと、きまりものみたいですが、玉ねぎをできるだけ薄く切り、水にさらして、薬味のお仲間に入れます。

ミートソースを

オムレツの中味に、スパゲチにかけるミートソースを、入れてみました。プレーンオムレツにトマトケチャップやウースターソースをかけるより、しっかりしたおかずになって、おいしくいただけます。

白菜のセロリふう

あの、白くみずみずしい白菜を、生で食べてみたら、セロリにまけないほど、サッパリと、おいしい口当りでした。

一枚一枚にはがした白菜を、よく洗って、パリッとさせます。先の方の、あまりやわらかい葉の部分はとってから、タテに食べよく細めにきざみます。

これに、塩をつけながら食べます。バタをつけると、変った風味があって、ビールやお酒のつまみにもよろこばれました。

もちろん、マヨネーズや、酢油ソースには好適です。

しなちくを

しなちくは、中華料理によく使われますが、これをすき焼きに入れてみました。いままでのすき焼きの材料にはない歯ごたえがあり、味もよく合ってたいへんおいしくいただけました。

焼肉のタレ

中国人のコックさんからうかがった、豚肉やマトンの焼肉においしいタレを一つ。

材料は、肉300グラムについて、八丁み

そ茶サジ2杯、ゴマ油大サジ2杯、しょう油と日本酒は、それぞれ大サジ3杯、砂糖茶サジ1杯、ニンニク大きめの1片、長ネギ少々です。

まず、みそを、しょう油でよくといて、ゴマ油、日本酒、砂糖、すったニンニクを入れて、充分にまぜ合わせます。

焼くとき、このタレにネギをみじんに切って入れて、肉にたっぷりつけます。肉は薄切り。

いりたまご

いりたまごを作るとき、もうちょっとで出来上るというときに、こまかくかいたカツオブシを、好みに入れます。

お魚ずきの方など、ちょっとかつおのにおいがして、おいしいものです。

ウニを

サンドイッチを作るとき、よくカラシを使いますが、代りにウニをぬります。

ちょっと変った味がして、ハムやきゅうりにもよく合い、おいしくなります。

ウニしょう油

ねりウニを好みの濃さに、しょう油でときます。かまぼこを、ごく薄く切って和えたり、刺身いかの細切りを和えたり、菜っぱのおひたしにかけても、変った味です。お酒の肴にもよろこばれます。

結婚祝い

結婚のお祝いを、ちょっと趣向をかえてさ

し上げました。

新婚旅行から帰る日を聞いておいて、新居に花と果物をとどけて、たいへんよろこばれました。

家族など、親しい人が結婚したときは、旅行から帰ったつぎの朝に役立つよう、パンと牛乳と玉子というふうに、これだけあれば、なんとか朝ごはんになるというものを用意してあげると、よろこばれます。

カギの穴

カギのあけしめがかたくなったらカンヌキの受け穴を、電気掃除機の隙間用吸口で、よく掃除します。案外、すらっと回るようになります。

これでも具合がわるいときは、丁番のネジを、きっちりしめなおしてみます。

虫ピンで

これからクリスマスやお正月で、いろいろ贈りものなどに、十文字にリボンや紐をかけ、結ぶことが多いのですが、水引きをかけると同じでなかなか結びにくいものです。

はじめにリボンを交叉させたときそこを虫ピンでとめて、押えておくと、人手を借りなくても、ゆっくりと上手に結ぶことが出来ます。

ゴマを煎るとき

ゴマを煎るとき、よくナベを熱くしてから入れる人がありります。

ゴマは、ナベを火にかけてすぐに入れると、ナベがあたたまるのと同時に、ゴマのシンまであたたまるから、よく煎れます。

献立日記

毎日、毎日の献立を、日記をつけるように、なにかノートか、家計簿のはしにつけておく、というのはいかがでしょう。

「今日は何にしようかしら」となんにも頭に浮かばずに困ったとき、先週の今日は、何を作ったのかしらと、このノートを見て、ヒントにしたり、みんなに特に評判のよかったお料理を記しておいて、つけ合せを変えてまた作ってみるとか、とても役立つものです。

また、この四、五日をふり返ってどうも肉と魚ばかりで、少し野菜が少なすぎたとか、反省にもなるし、今日もコロッケ、明日もコロッケなどということもなくなります。

また、一年たって、去年の今日はなにを作ったのかしらと、けっこう献立の手引きになりますし、読んでいるうちに、そのときの夕食の出来事なんかを思い出して、笑いだしたりしてしまいます。

サラダのコロッケ

ポテトサラダでコロッケをつくってみませんか。買ってきたのを、そのまま丸め、コロモをつけて揚げるのです。味は少し甘めなので、塩を好みで足します。なかなかおいしくできます。

きざみ三つ葉

三つ葉をゆでないで、生のまま細かくこまかくきざみます。

かつおぶしも細かくかきます。袋入りのけずりぶしだったら、ちょっとフライパンであぶってから、もみ海苔のようにもんで細かくします。

三つ葉とかつおぶしをまぜて、好みにしょう油をかけ、あたたかいご飯にのせます。

さと芋を

ゆでた里いもを、おろしじょう油でいただいてみました。とてもおいしくいただけました。

里いもは、ゆであがったばかりのでも、冷めてからのでも、どちらでもけっこうです。

旅をするときに

寒い時の旅行に、パイルなどの厚めのソックスを、カバンの中に用意して行きます。

暖房のない部屋で寝る時は、足があたたまらず、なかなか寝つかれないものです。そんな時、用意のソックスをはきます。足先があたたかくいつのまにか寝てしまいます。

また、汽車の長道中に、靴をはいているのがきゅうくつになったら、これをはきます。ソックスのおかげで、快適にすごせます。

＊

ソックスのほかに、もうひとつ、これは冬に限りませんが、旅先で重宝するものは懐中電灯です。荷物が重くならないように、小さいのでけっこうです。

寝るときに、これを枕もとにおいておきます。ふっと、夜中に目をさまして時間をみたい時など、知らない所では、枕もとのスタンドでも、そのスイッチの場所がわからないであわてることがあります。

めったにないことですが、夜、突発事故が起きないとも限りません。

切り花

冬になると、花びんの花が、ひと晩でしおれてしまって、かわいそうなことになってしまいます。

春や夏の気候のいいときは、水さえ気をつけていればそんなことはありませんが、花も人と同じで、寒さにはとても弱く、あたたかくしておくことが大切です。

しかし、ストーブのそばのような熱いところにおいては、やはり、すぐに枯れてしまいます。人がふつうに住んで気持のよい暖かさ

が、花にもいいのです。十八度から二十度くらいでしょうか。

それと、きれいな空気もたいせつです。しめ切った部屋のよごれた空気は、花も呼吸困難になってしまって、長生きできません。

切り花は買ってきたら、いきなり花びんにささないで、まず大きめの器に入れて、たっぷりと水をふくませてやります。水の中で、茎の先を少しずつ切るか折るかして、水揚げをよくしてやります。「水の中」でやることが大切です。

バラはナイフで、すっぱりと斜めに切ります。菊は手で折るのが、いいでしょう。カーネーションとか水仙は、はさみで少しずつ切ってやります。

水は毎日、かえてやります。そのたびに少しずつ先を切ってやると、元気がよくなります。バラなど、元気がなくなったら、花をさかさにして、葉の裏側から、ざあっと、たっぷりの水をかけてやります。

救急箱の点検

救急箱は、ケガや病気のときは有難いとおもうのですが、ふだんはつい忘れてしまい、イザというとき入用なものがなかったりします。

一年に一度、日をきめて点検し、クスリは全部あたらしいものにとりかえ、使ったものは買いたすようにしましょう。

クリーム手

お料理に、なにかプンと他のにおいのすることがあります。犯人はクリームをつけた手、香水をいじった手です。

わたくしの家では〈ただいまクリーム手〉

という合言葉を作って、そういうときは、そのままで食器や食べものにさわらないように、おたがいに注意をすることにしましたら、ずいぶん、ちがってきました。

玄関にカレンダー

玄関にカレンダーを下げておきましょう。出がけにちょっと見ると、その日の予定が頭に浮かんだり、人との約束を思い出したりして、頭が家の中から外へ切りかわります。

カーテンの掃除

カーテンは案外によごれやすく、ことに冬は、ストーブをたいたりでホコリがよけいについています。

お掃除のとき、ちょっと気をつけて、掃除機をかけるクセをつけておくと、いつもさっぱりして気持のいいものです。

カーテンの開け閉めにホコリのたつのはきたないし、不精たらしくいやなものです。

大福

固くなった大福は、焼いて食べると、ふくらんで、アミにくっついたり、アンがとび出したりして、うまく焼けません。

ある程度焼いたら、熱湯に入れてとろ火で少し煮てみます。とてもやわらかくおいしくなります。

ごはん前

さむい日は、早めにお風呂に入って、よくあたたまってから、晩ごはんを食べてみましょう。

たまにそうすると、まるで温泉にでも来ているような、ゆったりした気分になれます。

即席白菜漬

白菜の漬物が食べたいけれど、樽もないし、重石もないし……なんていう方のために。

まず大きめのビニールの袋と輪ゴムを用意します。白菜四分の一ぐらいを、さらに二つぐらいに割って、塩をふり、ビニールの袋に入れて輪ゴムで口をしめます。あとはそのまま、五、六分も両手でもめばいいのです。よく漬かったのが好きな人は少々時間を長めにします。

塩加減はすきずきですが、はじめに葉と葉のあいだに塩をふり込んでやると、全体が平均した味になるようです。

なべもののとき

なべものは、はじめのうちはおいしいものですが、おなかの方がそろそろいっぱいになりかけると、おなじ味加減だとあきてくることがあります。

こんなとき、めいめいのつけ汁やダシに、溶きがらしを加えてみますと、口当りも、風味も、またちがっていいものです。

これは、はじめから入れたのでは効果がありません。途中、もうそろそろというときに、食卓に出すのがコツです。

ブックデザイン　白石良一、小野明子

落丁・乱丁がありましたらお取り替えいたします

エプロンメモ　よりぬき集

平成二十四年四月二十三日　初版第一刷発行

著　者　暮しの手帖編集部

発行者　阪東宗文

発行所　暮しの手帖社　東京都新宿区北新宿一ノ三五ノ二〇

電　話　〇三—五三三八—六〇一一

印刷所　株式会社　精興社

定価はカバーに表示してあります

ISBN978-4-7660-0175-4　C2077